Ⓢ新潮新書

戸部良一 TOBE Ryoichi
赤木完爾 AKAGI Kanji
庄司潤一郎 SHOJI Junichiro
川島 真 KAWASHIMA Shin
波多野澄雄 HATANO Sumio
兼原信克 KANEHARA Nobukatsu

決定版 大東亜戦争（下）

914

新潮社

決定版　大東亜戦争（下）——目次

Ⅲ　戦争指導と終戦過程

（上）目次

Ⅲ　戦争指導と終戦過程

第7章　日本の戦争指導体制――日英比較の視点から

戸部良一

イギリスの戦争指導体制

大東亜戦争期の日本の戦争指導体制がどのような特徴を持っていたのかを考えるためには、他の国と比較してみることが役に立つだろう。比較の対象として適切なのは、当時の列国のなかで、立憲君主制に基づき議院内閣制を運用していたイギリスである。厳密にいえば、日本の内閣は議会ではなく天皇に責任を負っており、首相も議会で選出されるわけではないので、当時の日本は本来的な意味での議院内閣制ではなく、あくまで疑似議院内閣制であった。それでも、列国の多くは大統領制（アメリカやフランス）や独裁制（ドイツ、イタリア、ソ連）だったので、イギリスの政治システムが相対的には日本に近く、比較の対象として適当と見なされよう。

なお、ここでいう戦争指導体制とは、戦争指導のための最高意思決定の方式ないしシステムのことであり、いわゆる戦争指導機構とほぼ同じ意味である。

イギリスを比較の対象として設定した場合、注目されるのは、ウィンストン・チャーチルが首相となり、リーダーシップを振るったときの戦争指導のシステムである。一九四〇年五月一〇日、首相に就任したチャーチルは国防大臣というポストを新設し、これに就任した。ただし、国防省は存在していないので、大臣だけのポストである。首相が国防相を兼任することによって、政治と軍事の統合、政治優位の下での戦争指導を確保しようとしたのである。

国防相には、帝国（陸軍）参謀総長、海軍軍令部長、空軍参謀総長の三人から成る三軍幕僚長委員会が直属した。国防相が三軍を統括する体制となったのである。三軍幕僚長委員会には、その下部スタッフ組織として三つの三軍統合委員会が付いていた。三軍の作戦計画部長から成る統合計画委員会（Joint Planning Committee）、三軍の情報部長から成る統合情報委員会（Joint Intelligence Committee）、三軍の兵站部長から成る統合兵站委員会（Principal Administration Officers' Committee）である。軍中央のトップでも、ミドルでも統合が進み、それが国防相のスタッフ組織として機能することとされた。

イギリスの戦争指導機構

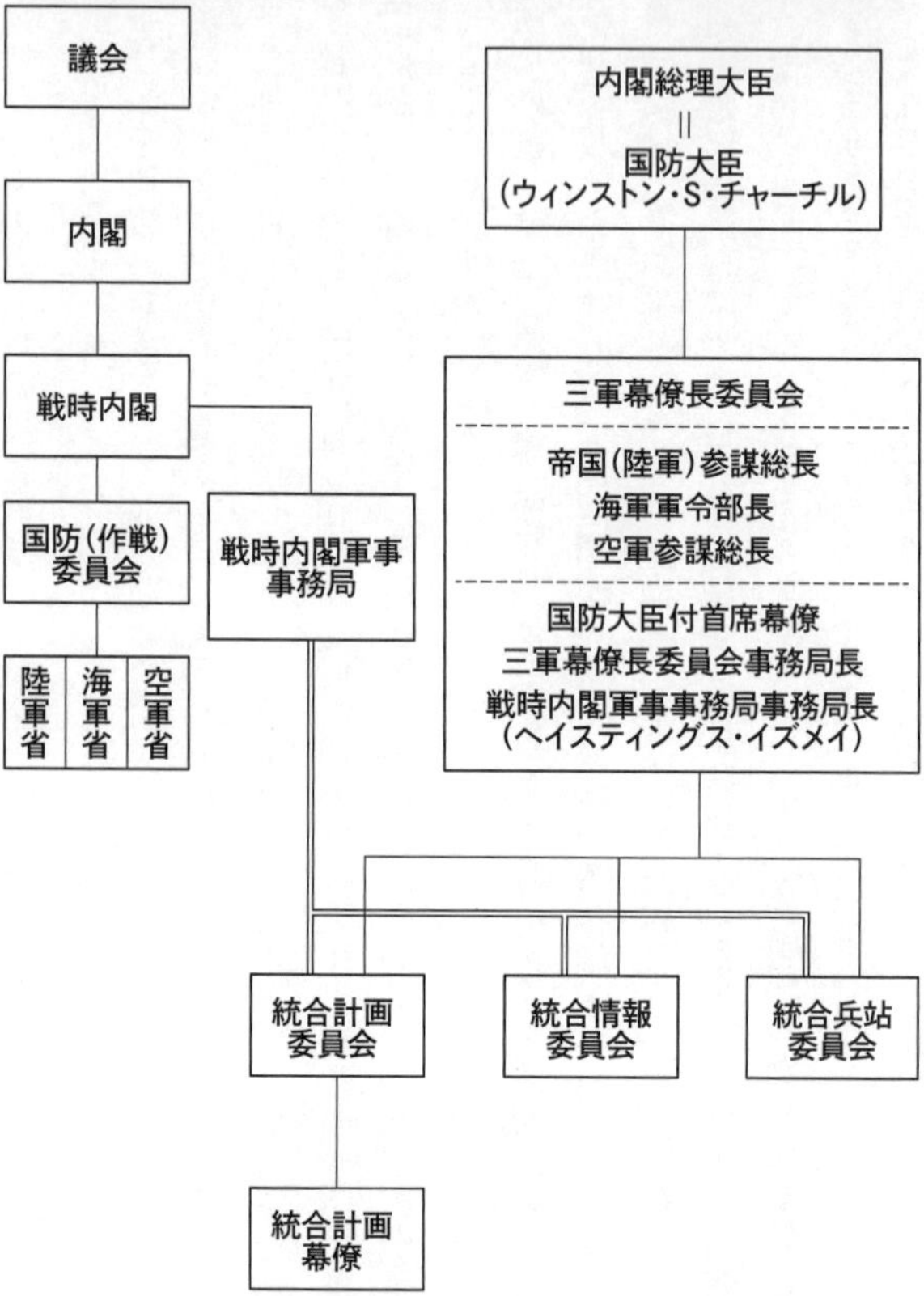

出典:角田順「ノルマンジー作戦における諸問題」
(『軍事史学』20巻2号, 1984年9月)より一部修正

さらに、この三つの三軍統合委員会は、そのまま戦時内閣の軍事事務局を構成していた（一二頁の図参照）。そして軍事事務局の事務局長へイスティングス・イズメイ中将（Hastings Ismay）は、三軍幕僚長委員会の事務局長でもあり、しかも国防大臣付首席幕僚として三軍幕僚長委員会に常時出席した。イズメイが、首相、戦時内閣、三軍幕僚長委員会、三つの三軍統合委員会をつなぐ重要な役割を担ったことになる。

戦時内閣は首相を含む数人で構成され、党派間のバランスを取った。興味深いことに、陸海空三軍の大臣は戦時内閣に入っていない。陸海空軍の三省は、戦争指導や戦略問題を担当する任務から外れ、もっぱら兵器生産を主とする軍事行政を担当する官庁となったのである。実は、戦時内閣も戦略問題に深く関与しなかった。歴史家のＡ・Ｊ・Ｐ・テイラー（A. J. P. Taylor）によれば、「チャーチルの戦時内閣がなにかを始めることは滅多になく、チャーチルの意見をしりぞけることはさらに稀だった」とされている（『イギリス現代史Ⅱ』みすず書房、一九六八年）。つまり、戦略問題はチャーチルと三軍幕僚長に、外交問題はチャーチルと外相アンソニー・イーデン（四〇年一二月就任）に委ね、戦時内閣自体は国内問題に専念したのである。

戦時内閣の下にはチャーチルが主宰する国防（作戦）委員会が設けられ、戦時内閣のメンバー二人、三軍幕僚長、三軍大臣から構成された。これも戦争初期にはしばしば会合を開いたが、ほとんどチャーチルの提案を支持する以上のことをしなかったようである。開かれた回数は、一九四〇年に五二回、四一年に七六回であったが、四四年は一〇回と大きく減少した。これに比して三軍幕僚長委員会は毎年四〇〇回以上開かれ、四二年には五七三回に達した(同右)。

こうして、イギリスの戦争指導体制は、トップに強力な権力を集中させるものとなった。首相は政府の長であるばかりでなく、実質的に三軍の最高指揮官となったのである。チャーチルは、これを大胆な制度改革によって成し遂げ、一元的な戦争指導を行った。それは、デモクラシーの下での戦時「独裁」と呼ぶべき体制であった。しかも、この「独裁」者に対し、戦略問題に関して補佐機能を遂行するのは、三軍幕僚長委員会と三つの三軍統合委員会であり、補佐機能は実質的に軍に移行したのである。ただし、トップはシビリアンの首相であり、また「独裁」は戦時に限定されるとの了解が定着していた。さらに、チャーチルは「討論による独裁者」(河合秀和『チャーチル』中公新書、一九七九年)であり、チャーチルの下で、デモクラシーとシビリアン・コントロールが担保されたのである。

このようなイギリスの戦争指導体制を、その後アメリカが学習し取り入れることになる。第二次世界大戦への参戦当初、アメリカには三軍幕僚長委員会のような機関はなく、それを支える三軍統合委員会のようなスタッフ組織もなかった。アメリカの三軍のトップは、定期的に会議を開かず、大統領との会合も稀であった。英米合同の会議で実見することにより、イギリスの機能的な幕僚運営に感心したアメリカは、やがて統合参謀長会議（Joint Chiefs of Staff）を設立し、その下部幕僚組織として三軍統合委員会のシステム（Joint Staff Planning System）をつくり上げることになる。

明治期の大本営

第二次世界大戦時のイギリスの戦争指導体制の特徴は、政治優位の下での政治と軍事の統合と、陸海空三軍統合のスタッフシステムにあった。では、日本の場合はどうだったのか。まずは、明治期にさかのぼって確認してみよう。

明治期の日清戦争、日露戦争で戦争指導機関として設けられたのは、大本営である。日清戦争前の一八九三年五月に制定された戦時大本営条例によれば、「天皇ノ大纛《たいとう》〔軍中の大旗〕下ニ最高ノ統帥部ヲ置キ之ヲ大本営ト称ス」、「大本営ニ在テ帷幄《いあく》〔作戦計画を立てるところ。本陣」ノ機務ニ参与シ帝国全軍即チ陸海軍ノ大作戦ヲ計画スルハ参謀総長ノ任トス」とされている。

大本営は作戦計画策定を本務とする純統帥機関であった。単純化すれば、平時の参謀本部と海軍軍令部が戦時態勢に移行したものであり、軍人のみによって構成された。ただし、日清戦争では首相の伊藤博文と外相の陸奥宗光が、軍人ではないにもかかわらず天皇の特旨によって大本営に列した。伊藤は、軍事作戦について軍側と論争することもあった。日露戦争でも、首相、外相、蔵相のほかに元老たちが特旨によって大本営御前会議に列席し、戦争指導の基本方針を協議し決定した。

戦前の日本には、統帥権の独立という独特の制度があり、軍人ではない者が統帥（軍令）事項には関わることができないと見なされていたはずである。それなのに、日清戦争・日露戦争では、なぜ軍人ではない者も大本営に列することができたのか。それは明治期の指導者たちが統帥権独立の本来の目的をよく理解していたからである。

統帥権独立の本来の目的とは、自由民権運動という反政府的政治運動の影響から軍を遮断し、その意味で軍を非政治化することにあった。こうした点からすれば、戦争指導は統帥権独立を発動すべき場ではなかったのである。統帥権独立という独特の制度を作った指導者たちは、その制度の本来の目的をよく知っていた。本来の目的にそぐわない状況では、その制度を使う理由はなかった。

しかも、当時の政治指導者の多くは下級武士の出身であった。それゆえ彼らは軍事の基本的なことを武士の素養として理解していた。伊藤が作戦にまで口を出したということには、こうした事情も関わっている。こうして明治期には、大本営の弾力的な運営によって、効果的な戦争指導を成し遂げたと言えよう。

ただし、まったく問題がなかったわけではない。まず、陸軍作戦と海軍作戦との統合に宿題が残された。一八九三年の戦時大本営条例では、前述のように、陸軍の参謀総長が陸海全軍の幕僚長であると定められたが、これに対して海軍は陸軍と対等の地位を要求したのである。日清戦争後の一八九九年、山本権兵衛海相は大本営条例改正を求めて、おおよそ以下のように上奏した（「戦時大本営条例沿革誌」『現代史資料37　大本営』みすず書房）。

「日本の地勢は海に囲まれた島々から成り、地形から見ても国防上、海軍が枢要であることは自明である。また、国内の経済にとっても、海外との貿易にとっても、わが国の生存は海運に大きく依存している。もし外国と戦争となり日本近海に敵が出没するようなことがあれば、それは日本の海運に影響して経済上の恐慌をきたし、国家に不幸をもたらすことは免れない。したがって、わが海軍は、敵艦隊が日本に迫ってくる前にこれを海上で迎え撃ち、海運の安全を図らなければならない。わが海軍が健在である限り、作戦の多くは海軍が行い、陸軍が加わるような場合はきわめて少ない。海軍が不利に陥った場合に、はじめて陸海軍協同作戦の機会が生まれる。また敵地に陸兵を輸送しようとする場合、まず海軍がその主要ルートの海上権を確保しなければ、その目的を達することはできない。すなわち、わが国にあっては、海軍こそ敵と戦を交える第一線をなし国防上最も主要の地位を占めるものである。そしてこの海軍の作戦を計画するのは、海軍軍人たる軍令部長の任であり、海軍の智識経験なき参謀総長が単独で作戦計画に参画する責任を負うというのは、言うことは簡単だが実行はできないことである。」

これに対して、桂太郎陸相は次のように上奏して反論した（同前）。

「およそ国というものは、土地と人民の『総称』であり、土地と人民を切り離すことはできない。人民は必ずその土地を守らなければならず、ここに人民の徴兵義務が生じる。徴兵に応じる人民のある限り、けっして国土は失われない。このように国土と兵力を結びつけるのは陸軍だけができることであり、海軍は望んでもそれができない。古今東西、戦争の終局は陸軍の勝敗によって決まる。陸軍は単に平時の国防において『主位』を占めるだけでなく、国家の運命を決する戦争においても『主位』を占めるものである。海軍軍人は、わが国は海に囲まれ、外国との戦争が起きた場合まず戦うのは海軍である、ゆえに海軍は国防上主要の地位を占めると主張する。たしかに海軍は最初に戦わなければならないだろう。しかし、これは陸海軍のどちらが先かというだけであって、どちらが『主』であるかということには関係しない。たとえ海軍艦艇がすべて一港に封鎖されるとしても、陸軍が優勢であれば敵を制することができる。一回か二回の挫折はあるかもしれないが、陸軍がある限り国土を失うことはない。これこそ国防においては陸軍を『主』とする所以である。」

このように、大本営の幕僚長をめぐる論争は、国防のあり方をめぐる考え方の相違、さらには陸海軍の組織的利害の対立にも関連していた。この論争自体は日露戦争前の戦時大本営条例の改正で妥協が図られる。一九〇三年一二月に改正された条例では、「参謀総長及海軍軍令部長ハ各《おのおの》其ノ幕僚ニ長トシテ帷幄ノ機務ニ奉仕シ作戦ヲ参画シ終局ノ目的ニ稽《かんが》ヘ陸海両軍ノ策応協同ヲ図ルヲ任トス」となった。陸海軍は対等とされたが、対等の二人の幕僚長を置くことによって、陸海軍の軍事戦略面での統合が達成できるかどうかは今後に残された問題となった。

日露戦争のさまざまな局面で、陸海軍が戦略・作戦をめぐって対立したことはよく知られている。しかし、その対立は致命的な結果を招かなかった。その理由の一部が、政治優位の戦争指導にあったことは疑いない。政治指導力が強力であれば、陸海軍の対立が生じても、それを抑え込むことができるからである。

だが、やがて日露戦争での政治優位の戦争指導に対しても批判が寄せられることになる。たとえば、大正年間に陸軍大学校教官であった谷寿夫が教科書として著述した『機密日露戦史』（原書房、一九六六年）は、桂首相が「職権の範囲の外にありながら重大なる作戦事項に容喙して軍事行動を妨碍する無責任な干渉」を行ったと厳しい批判を加えている。桂の行動は、「自家の勢力を張ることのみを主として、国家の利害を眼中に置かざるもの」であり、寺内正毅陸相も桂と「共同して大本営の企図を破壊せんとした」というのである。政略優位の戦争指導に対する谷の批判は、当時の軍人たちの多数意見を反映し、陸大での教育を通してさらにそれを強化することになったと考えるべきだろう。

政戦両略統合の試み

政略と軍事戦略との統合や陸海軍間の戦略統合は、戦時の戦争指導だけではなく、平時についてもその必要性が意識されていた。明治前期の一八八五年四月には陸海軍の首脳から構成される国防会議が設置された。日清対立の高まりを受けて、清の軍事的脅威に対する海防（海岸防御）など国土防衛に関する陸海軍の戦略を統合・調整することが主な目的であったが、ほとんど実績をあげることなく、一年半ばかり経った八六年一二月に廃止されてしまった。

大正期に入って、一九一四年六月には防務会議が設けられた。防務会議規則によれば、「防務会議ハ内閣総理大臣ノ監督ニ属シ陸海軍備ノ施設ニ関シ重要ナル事項ヲ審議ス」とされ、首相、外相、蔵相、陸相、海相、参謀総長、海軍軍令部長をその構成員とした。その契機は、明治末期から大正初期にかけて陸軍の増師（師団増設）要求が政治的な問題となったため、国家政策の大局的な見地から軍備問題を検討する国防会議設置案として提起されたことにあった。陸海軍の軍拡要求を抑制しようとしたわけである。

この会議の設置をめぐっては、「国防」という名称に陸軍が反対し、最終的に「防務」会議となった。その過程で、検討対象が実質的には軍備に限定され、国防政策全体を扱うものとはならなかった。防務会議は第二次大隈重信内閣のときに設置されたが、間もなく第一次世界大戦が始まり、そのあおりを受けて皮肉にも陸海軍の軍拡要求を受け入れることになった。防務会議が正式に廃止されたのは二二年九月だが、それ以前から大隈内閣の退場とともにその役割を終えていたようである。

大隈内閣に代わって登場した寺内正毅内閣のとき（一九一七年六月）に設置されたのが臨時外交調査委員会（以下、外交調査会）である。第一次世界大戦の終了を見込み、戦後の新たな国際政治環境のなかで実行すべき外交・軍事に関わる国策の統合・調整を行うことが、その目的であった。臨時外交調査委員会官制によれば、「宮中ニ臨時外交調査委員会ヲ設ケ天皇ニ直隷シテ時局ニ関スル重要ノ案件ヲ考査審議セシム」とされている。首相を総裁とし、委員は国務大臣、大臣経験者、親任官から勅命によって選ばれた。大臣経験者という資格で、原敬や犬養毅といった政党人も委員となっている。

外交調査会は、天皇直隷という権威を持ち、外交・軍事問題に関与して、しばしば軍の方針や行動を抑制する方向に動いた。たとえばシベリア出兵に際し、外交調査会は陸軍の方針を抑えて、共同出兵を行うアメリカとの協調を図るため、作戦目的、作戦地域、作戦兵力を限定した。これに対する陸軍の反発は、参謀本部作戦部長宇垣一成の次のような日記によく示されている。

「兵を知らざるの輩《やから》が無意味に兵力を制限し或は所要の経費を限定するとか、用兵の方面時機等も内外の鼻息に依りて決定する等実に言語同《ママ》断、予も幾度か離職に考へ及ぼしたりしも吾人が去りし後の行末尚更思ひ遣《や》る次第なれば暫く踏止りて成可《なるべく》過《あやまち》少ならしむるに勉めあり。之れと同時に斯《かく》の如き蒙昧なる輩の除去にも微力を振ひつつあり。瓦解せよ無経綸無責任の当局よ！」（『宇垣一成日記1』みすず書房、一九六八年）

外交調査会は、寺内内閣に引き続き原敬内閣のときにも存続したが、その機能は変化した。寺内内閣時には外交調査会が重要な外交政策を実質的に決定したが、原内閣時には閣議で実質的な決定を行い、外交調査会でその承認を得て、軍にそれを押し付けたのである。原はシベリアからの撤兵を実行するために、この方式を使った。こうして名目的な存在となりつつあった外交調査会は、そもそも「臨時」に設けられたこともあり、これも二二年九月に廃止された。

昭和期に入って満洲事変後の非常時と呼ばれる時代になると、政治的影響力を強めた軍を抑制するために、一部では外交調査会の復活を考える構想が生まれる。大正期に外交調査会が残した実績の記憶があったからである。しかし、この構想が実現することはなかった。

ところで、第一次世界大戦が総力戦として戦われ、戦争様相が大きく変わったことに軍人たちは大きな衝撃を受けた。戦争中から、そして戦後は特に、軍人たちは総力戦の実態を学び、日本も総力戦を戦うためには大きな変革を必要とすると考えるようになった。総力戦を戦ううえで、きわめて重要だったのは政戦両略の統合である。この点は、当然ながら戦争指導体制のなかに組み込まなければならなかった。

しかしながら、軍人の多くはそこで思考を停止させてしまった。戦争指導体制に政戦両略の統合を組み込もうとすれば、統帥権独立の原則に抵触しかねなかったからである。統帥権独立の原則は、軍の権限や予算を確保し拡大するうえで、いわば既得権化していたのである。既得権を手放すことは、組織的利益に反していた。

近衛内閣の試み

昭和期に入り、戦争指導体制の問題が現実化するのは、一九三七年七月に始まった日中戦争（支那事変）が長期化した頃である。当時の政府と陸軍との関係を示す有名なエピソードがある。七月末の閣議で、陸相の杉山元が内地からの出兵を報告した後、拓相の大谷尊由が、どのあたりで軍を止めるつもりかと質問したところ、陸相は黙ったままだったので、見かねた海相の米内光政が答えてやった。すると杉山は、こんなところでそんなことを言っていいのか、と怒鳴ったというのである。この背景には、閣僚が軍事機密を守らないことに対する軍の不信があったという。だが、重要な事実を伏せて秘密にする陸軍の態度に対して、閣僚たちは不信を募らせた。

近衛文麿首相は、事変当初、軍事的圧力を加えれば中国は容易に屈服する、という陸軍の判断に同調したが、中国の激しい抗戦によって陸軍の楽観的な判断の誤りが明らかになると、事変解決のために内閣の政治力を強化して、陸軍の政治的影響力を抑制しようとした。

その頃近衛の周辺では内閣制度の改革が考えられていた。その改革構想はやや単純化すれば、国務大臣と行政長官とを分離し、行政長官は格下げして国務大臣とせず、内閣は陸海軍大臣を含む少数の有力な国務大臣によって構成し、内閣直属のスタッフ機構を設置して総理大臣の指導力を強化する、というものであった。

内閣書記官長の風見章はこれを戦時内閣構想と呼んでいる。風見によれば、内閣は、陸海軍大臣のほかは、首相の信任する数名の閣僚をもって組織することにし、そこに各界の評価の高い人材を集めて内閣を強化し、内閣の権威を高めることによって統帥部を威圧し、内閣の指導に従わせる、つまり実質的に内閣を国務と統帥を統合する機関にしようという構想であり、できれば陸海軍の統帥部責任者を閣僚とすることも考慮したという。

しかしながら、国務大臣と行政長官の分離は内閣制度の抜本的な改革だったので、この構想をすぐ実現することは難しかった。実現したのは、内閣直属のスタッフ組織としての企画院(三七年一〇月)と内閣情報部(同年九月)の新設だけであった。

そうしたなかで大本営の設置というアイデアが浮上する。大本営設置を求めたのは近衛首相であるといわれるが、陸軍でも事変の長期化と深刻化に伴い大本営設置を検討していた。近衛は、大谷拓相の質問に対する杉山陸相の反応に示されたような国務と統帥の乖離を解消し、政戦両略の一致を図るため、首相や文官の主要閣僚を構成員に加えた大本営の設置を求めた。

一方、陸軍では参謀本部が、本格的に戦時態勢に移行して業務の円滑化を図るために大本営設置を要請した。また、大本営が命令(大本営陸軍部命令)を発出することにより、ともすると軍中央の指示を逸脱しがちな現地軍に対する指導・統制を強めることも、大本営設置の目的の一つであった。

しかし、陸軍省では、戦時に設けるべき大本営を、宣戦布告もしていない段階で設置することには消極的であった。また、大本営設置によって、参謀本部が発言力を強め陸軍省に対して優位に立とうとするのではないか、と陸軍省は警戒した。さらに、陸軍省も参謀本部も、統帥権の独立という制度を盾として、首相を含む文官を大本営の構成員とすることには否定的であった。

近衛は、物分かりがよいと考えた海軍に理解を求めたが、意外にも海軍は、大本営設置には消極的であり、そこに首相を入れることには断固反対であった。山本五十六海軍次官は次のように述べている。「海軍としては、どこまでも狭義国防の意味での大本営を望んでゐる。しかし実際からいへば、いまさら大本営なんかの必要が果してあるかどうかといふことについても、多分に疑問がある。寧ろ海軍は必要を認めない。で、もし置くなら、大本営は陸海軍共同作戦の最高指揮部としてならば、まあ不本意ながら賛成しても宜しい。……総理大臣を大本営の中に入れて所謂ロボットにして、ファッショ的政治をする手段に内閣を使ふといふことならば、もう絶対に海軍は反対である。」（原田熊雄述『西園寺公と政局　第六巻』岩波書店、一九五一年）

結局のところ、海軍は、大本営を従来と同じく作戦指導を行う純統帥機関とすることで、設置に同意した。参謀本部が優位に立つことを警戒していた陸軍省も、大本営における軍政機関の構成員を強化することで設置を認めた。首相を含む文官を構成員にすることは見送られたが、政戦両略の一致のために大本営と政府との間に何らかの協議体を設ける必要性については、関係者間の合意が成立した。

こうして一九三七年一一月二〇日、大本営は日露戦争以後はじめて設置された。大本営は本来、戦時大本営条例に基づき戦時に設けられるはずであったが、新たに大本営令を制定し（一一月一七日）、「大本営ハ戦時又ハ事変ニ際シ必要ニ応シ之ヲ置ク」と規定して、事変でも設けることができるようにした。

大本営設置について、大本営陸軍報道部は以下のように説明している。「大本営の設置は専《もっぱ》ら統帥大権の発動に基き平時統帥部と陸海軍省とに分掌せらるる統帥関係事項の処理を一元化するを本旨とする純然たる統帥の府にして……巷間《こうかん》往々にして大本営は統帥国務統合の府なりとなし或は戦時内閣の前身なりと憶測するが如きものあるも之れ全く根拠なき浮説にして今次の大本営設置の真意に非ざること勿論なり」（前掲『現代史資料37　大本営』）。この説明を見れば、大本営を「統帥国務統合の府」や「戦時内閣の前身」として期待する声があったことが分かる。しかし、いずれも根拠のない「憶測」として否定された。

大本営の日常的な執務は、参謀本部と軍令部でなされた。陸海軍の首脳部によって構成される大本営会議も、例外的に宮中で開催される場合（大本営御前会議）を除いて、参謀本部または軍令部で開かれた。要するに、統帥部の執務体制は平時とほとんど変わらなかったのである。

大本営会議はしばしば形式的なものにすぎなかった。会議に出席した参謀本部作戦課長の河辺虎四郎は、「私の感じたのは会議ではありません。之は全部報告であります」と語っている（「河辺虎四郎少将回想応答録」『現代史資料12　日中戦争4』みすず書房、一九六五年）。おそらく事前に会議のシナリオができており、議事はそのとおりに進んだのだろう。

平時の執務体制とほとんど変わらなかったということは、陸軍と海軍の戦略的統合がなされなかったことを意味する。会議が「全部報告」であったとすれば、陸軍の参謀本部と海軍の軍令部が、それぞれ作成した情勢判断や作戦計画を、互いに報告しあったということなのだろう。情報の交換と共有はなされたかもしれないが、相互の緊密な連絡のうえに作戦を計画するという戦略的統合が実現されたわけではなかった。大本営は、山本海軍次官が考えたような「陸海軍共同作戦の最高指揮部」とはならなかったのである。ただし、日中戦争では、陸海共同作戦の必要度がそれほど高くはなかった。

では、政略と軍事戦略との統合はどうか。これについては、一一月一九日の閣議申し合わせによって、いわゆる大本営政府連絡会議（以下、連絡会議と略記する）が設けられた。申し合わせは次のような内容である。

① 政府と大本営の連絡のため随時会談の協議体を作るが、これにはとくに名称を付けず、官制にもよらず、事実上の会議とする。

② 随時会談の出席者は参謀総長、軍令部総長、陸海軍大臣、総理大臣および所要の閣僚とするが、出席閣僚の人選は、討議すべき問題とともに、内閣書記官長と陸海軍省軍務局長が行う。実際の運用においては、両総長（皇族）は出席せず、参謀次長と軍令部次長が出席する。

③ 特に重要な問題があるときは、御前会議を奏請する。御前会議には両総長、陸海軍大臣と、特旨により総理大臣が出席し、他の閣僚が列席することもある。

④ 協議体の幹事は、内閣書記官長と陸海軍省軍務局長が担当する。

連絡会議とは、政府と大本営の連絡のための「随時会談の協議体」の通称であった。連絡会議の決定には法的効力はない。連絡会議で決定された事項で閣議にかける必要があるものは、閣議決定を経て効力を持つことになった。

連絡会議が政戦両略統合のための戦争指導機関としての役割を果たし得たかどうか。それは、設置後に始まった和平問題の協議で明らかにされることになる。そのときの和平問題とは、ドイツを仲介とする和平工作（トラウトマン工作）である。一一月に日本はドイツに和平条件を伝え仲介を依頼した。当初、蔣介石はこれに否定的だったが、一二月に入って、条件に変化がなければドイツの調停を受け入れてもよいとの意向を示した。日本では、一二月一〇日の閣議で広田弘毅外相がこれまでの経緯を説明したが、閣僚の一部から、和平交渉は無用であるとの強硬論が唱えられた。

連絡会議では一三日から一六日まで連日、和平問題が協議された。これには参謀次長、軍令部次長、首相、陸相、海相のほかに、外相、蔵相、内相が出席している。この間、一三日には南京が陥落し、一四日には北京に国民政府に対抗する中華民国臨時政府が成立した。内閣では、臨時政府の成立を新聞報道で初めて知ったという。陸軍は、現地政権樹立工作を内閣に報告しなかったのである。連絡会議では論争の末、あらためて和平条件がまとめられたが、それは、以前ドイツ側に伝えたものを大幅に上回っていた。

ところが、その和平条件案ですら、中国側に対して譲歩的すぎると閣議で批判され、より曖昧で強硬な意味を帯びる条件案が閣議決定された。連絡会議決定よりも閣議決定が優越していたのである。政府（内閣）は強硬論に傾いた。

しかし、参謀本部では、対ソ戦に備えるため中国との事変長期化を避けるべきだとの主張が台頭していた。多田駿参謀次長を中心とする和平グループは、国策の和平転換を図るため御前会議の開催を画策する。御前会議に向けて和平問題を再審議しようとしたのである。その再審議は年末から事務レベルで始まり、一九三八年一月九日、一〇日の連絡会議を経て、一〇日に閣議決定となった。だが、この決定は和平成立の場合と不成立の場合の方針を並列させただけで、和平条件も実質的に変わらなかった。

同じく一〇日、天皇は参内した近衛首相に対し、翌日に予定された御前会議での自分の発言の可否を尋ねたが、近衛は、何も発言しないよう進言した。翌一一日、日露戦争後はじめての御前会議が開催されたが、会議は結局、天皇の発言もなく、事前のシナリオどおりに進行しきわめて形式的な審議に終始して閣議決定を追認するだけに終わった。なお、この御前会議には連絡会議の出席者に加えて、参謀本部と軍令部の両総長、そして特旨により枢密院議長の平沼騏一郎が出席した。

一四日、ようやく届いた中国側の回答をめぐって閣議が開かれる。閣議では、中国は引き延ばしを策しているだけだから、和平工作を打ち切るべきだとの主張が大勢を圧した。翌一五日の連絡会議では、多田参謀次長が工作継続を訴えたが、内閣側は打ち切りを主張し、終日激論が交わされた。結局、陸軍省から多田に対し説得がなされ、ついに多田も譲歩する。連絡会議に続いて閣議が開かれ、工作打ち切りが正式に決定された。翌一六日、「爾後国民政府ヲ対手トセス」との政府声明が発表される。

以上のように、和平問題の実質的な審議は連絡会議で行われた。その意味で連絡会議は、政戦両略の一致を図るべき協議の場であった。ただし、その協議の結果は、和平工作打ち切りとなったのである。最終決定が閣議でなされたことも注目すべきだろう。閣議は、少なくとも形式的には、国家の政治的な最高意思決定が行われるべき場であった。一一日の御前会議も、閣議決定を追認した。

連絡会議は一月一五日以降、しばらく開催されなかった。ようやく二月四日に開かれたが、そのとき政府と参謀本部が激しく言い争い、以後、第一次近衛内閣では連絡会議は開かれなくなる。参謀本部は機密漏洩を警戒して作戦に関する協議を極力回避し、近衛も会議での論争を嫌った。

その後、近衛首相は事変解決を図るため内閣を改造する。改造の主眼は、陸相、外相、蔵相であった。次いで六月、近衛内閣は五相会議を設置する。従来は少数の主要閣僚による会議がアドホックに開かれたが、この五相会議は、閣議による設置承認に基づき、定期的に開かれることになった。会議は通常、週二回、閣議の後に開かれたようである。会議の構成員は、首相、外相、蔵相、陸相、海相である。海相以外は内閣改造によって近衛自身が選んだ人物であった。五相会議は休眠状態の連絡会議に取って代わった。それが近衛の意図でもあった。六月中旬に初会合を開いた五相会議は、その後、事変解決に関連した方針を次々と打ち出す。五相会議は精力的に審議し決定を打ち出したように見えるが、決定のタイトルを見るかぎりでは、大綱を扱うべき国策の最高決定機関としては、やや些末で事務的な問題を扱うケースも少なくなかった。

また、五相会議には統帥部の代表が参加していなかったため、軍事戦略との統合に欠けるところがあった。一九三八年夏から秋にかけて、日本軍は漢口作戦と広東作戦という本格的な大規模軍事作戦を展開したが、五相会議では、これらの軍事戦略を事変解決のための政治戦略に結びつけようとする試みは見られなかった。大本営でもそうした試みはなされなかった。

一九三九年一月に近衛内閣に代わって平沼騏一郎内閣が登場した後、五相会議が日中戦争に関する最高方針を決定する機会は大きく減少する。五相会議は防共協定強化問題に審議の焦点を移し、それに没頭した。平沼内閣期の五相会議は小田原評定を続け、七〇回以上も会議を開いて、結局、問題に決着をつけることができなかった。

五相会議は同年五月に始まったノモンハン事件についても深く関与することはなかった。七月も後半に入ってから、ようやく陸相から外交交渉の要請があり、五相会議で初めて協議が行われたが、事件が統帥事項だったこともあり、これを解決する政戦略について五相会議で協議された形跡はない。

連絡会議の復活

平沼内閣の後の阿部信行内閣でも米内光政内閣でも、連絡会議は開かれなかった。五相会議も開かれなくなった。一九三九年九月、ヨーロッパで戦争が始まり、国際情勢の変動に対応すべき方針が同年一二月、陸海外三相間に決定されたが、これは以前の少数閣僚によるアドホックな決定方式であった。

ところが、一九四〇年七月近衛内閣が再登場すると、連絡会議も復活する。七月二七日に宮中で開かれた連絡会議は、国策を武力南進と独伊との同盟の方向に大きく傾斜させた。このとき連絡会議が復活した理由はよく分からない。近衛は、組閣以前に、首相、陸海両相、陸海両総長から成る「最高国防会議」の設置を考えていたというが、組閣時にこれを主張した形跡はない。おそらく大本営側から、国策大転換のために連絡会議開催の要請があり、それを近衛が受け入れたのだろう。

その後、参謀本部の提案により、大本営政府連絡懇談会が設置された。連絡懇談会は従来の連絡会議とやや異なり、定期的に毎週木曜日、首相官邸で「軽易ニ」政府と統帥部とが連絡懇談することとなった。また、この会議で決定された事項は閣議決定以上の効力を持つと了解された。

連絡懇談会は一九四〇年一一月二八日に第一回会合を開いたが、翌年七月第三次近衛内閣の発足に伴い再び連絡会議という名称に戻る。連絡会議は週一回、宮中大本営で開かれることになった。そのほかに、週三回、大本営政府情報交換会を開くとの申合せもなされた。連絡懇談会および連絡会議は、一二月八日の太平洋戦争開戦まで、合わせて七六回の会合を持った。週一回以上の開催頻度である。一〇月に東条英機内閣が登場すると、連絡会議はほぼ連日のように開かれた。

参謀本部編『杉山メモ——大本営・政府連絡会議等筆記』（原書房）に記載されている

連絡会議の議題を見ると、対米国交調整、独ソ開戦への対応、南部仏印進駐、対米英開戦の可否等、当時の重要対外国策がこの会議で何回も審議されていたことが分かる。一九四一年には七月二日、九月六日、一一月五日、そして開戦決定の一二月一日と御前会議が開かれているが、これら御前会議での議題についても、事前に連絡会議（懇談会）で複数回協議がなされている。連絡会議は対米英開戦という致命的な決定をしてしまったが、この会議が政府（内閣）と大本営（統帥部）との協議の場となり、ここで政戦両略の調整が図られたことは間違いない。

開戦後、連絡会議は一九四四年八月、小磯国昭内閣の成立直後まで、約一二〇回開催されている。連絡会議では、世界情勢判断や戦争指導大綱、東南アジア諸地域の独立指導要綱等、政戦両略の根幹にかかわる事項が協議された。一方で、帝国議会での総理大臣演説原稿、中国での租界回収実施要領といった、必ずしも政戦両略に直接関係しないと思われる事項も何度となく議題に上げられている。

最も注目されるのは、船舶の徴傭と補塡、油槽船の配分、造船計画といった議題が頻出していることである。敵の攻撃によって激減しつつある輸送船舶を、南方戦場への兵員や武器弾薬輸送のため、また南方からの資源還送のため、陸海軍の間で配分することが、戦争指導上、最も重視されていたからにほかならない。だが、この議題の頻出ほど、政戦両略の統合が貧困であったことを物語るものはないだろう。

一九四四年二月、東条首相兼陸相は参謀総長も兼任した。海相も軍令部総長を兼任する。統帥権独立の原則に反するとの批判が厳しかったが、それまで誰よりもその原則にこだわってきた東条としては、兼任しなければ戦争指導を、少なくとも徴傭船舶の配分を達成できないと考えたのだろう。兼任によって、政府と統帥部との間の事務処理は円滑になったという。しかし、それで政戦両略の統合が進んだわけではなかった。

東条内閣の崩壊によって首相となった小磯は、大本営に列席することを望んだが、認められなかった。他方で小磯は、連絡会議に代えて最高戦争指導会議を設置した。同会議は「戦争指導ノ根本方針ノ策定及政戦両略ノ吻合調整ニ任ス」とされ、宮中で開催された。重要な問題の場合は、天皇の親臨を求めることとなった。しかし、名称はやや大げさになったものの、実態は連絡会議とほとんど変わるところがなかったようである。

小磯首相はレイテ決戦を呼号したが、大本営がレイテ決戦を放棄したことを知らされなかった。そうした重要な作戦変更に関することが最高戦争指導会議では協議されなかったのである。これを不満として訴えた小磯の要望が聞き届けられ、やがて一九四五年三月、小磯は天皇の特旨により大本営に列することを許される。しかし、だからといって、小磯が作戦計画の策定に関与できたわけではない。小磯自身の回想によれば、大本営会議に出席してみても、陸海軍の戦況報告があっただけだったという。いずれにしても、小磯はその後一月足らずで首相の地位を去ることになる。

同年四月、小磯の後継首相に就任した鈴木貫太郎も天皇の特旨により大本営に列したが、このことが戦争指導に影響を与えた形跡はない。また、鈴木内閣は最高戦争指導会議を受け継ぎ、あらためてその任務を「戦争指導ノ根本方針ヲ策定スルヲ本旨トス」と定めた。それまで、この会議が「根本方針」にはふさわしくない問題を協議していたことへの反省であったと見られる。

鈴木内閣時の最高戦争指導会議は、定期的ではなく、必要に応じて随時開かれることになった。さらに五月、会議メンバーの部下たちを陪席させない六人の構成員（首相、外相、陸海両相、陸海両総長）だけの会議がセットされるようになる。最高戦争指導会議構成員会議という長たらしい名称が付けられた。陸海軍の両大臣、両総長が会議中も部下の強硬論に牽制されることを防止したい、という東郷茂徳外相の要請によるものであった。

最高戦争指導会議構成員会議は、その後、終戦（降伏）の決定につながる道筋をつけることになるが、その決定の場となったのは、よく知られているように、御前会議である。

実は、そもそも御前会議には法的裏付けがない。したがって、その決定に法的効力はないとも言えるかもしれない。しかしながら、御前会議での決定を覆すことは、誰にもできない。その意味で、御前会議決定は実質的な国家意思の決定であった。

ただし、従来、御前会議は協議の場ではなかった。少なくとも第一次近衛内閣で御前会議が開かれて以来、議事は事前のシナリオどおりに進み、閣議決定を追認し権威づけることにこそ御前会議の意義が認められた。会議での天皇の発言もなかった。大東亜戦争開戦前にはわずか一度、一九四一年九月六日の会議で明治天皇の御製を詠み上げ、戦争回避の意向を示唆したことがあっただけである。

御前会議は、連絡会議等が設けられている場合、その会議に天皇が親臨するという形式で開催された。つまり、政府と大本営が親臨を天皇に奏請するという手続きを踏んだ。天皇が自らのイニシアティヴで会議を招集することは避けるべきだと考えられていた。天皇による招集は、天皇の直接的な政治関与につながり、その政治的無答責をそこなうと懸念されたのである。

ところが、一九四五年六月二二日、天皇は初めて自ら最高戦争指導会議のメンバーを招集して会議を開き、戦争終結に努力するよう求めたのである。「御召しによる最高戦争指導会議構成員会議」とも称されるが、実質的には御前会議であった。その後、ポツダム宣言受諾をめぐって内閣や最高戦争指導会議の意見が真っ二つに割れると、八月九日と一四日の御前会議で天皇の意向が表明され、それが「聖断」となって終戦の決定を導いた。一四日は「御召し」による御前会議で、最高戦争指導会議のメンバーと全閣僚が招集されている。一四日の御前会議でポツダム宣言受諾が決まると、それを受けて閣議が開催され、そこで戦争終結が正式に決定されたのであった。

政治指導の貧困

一九三七年以降の日本の戦争指導体制を、本章冒頭に略述したイギリスの戦争指導体制と比較すると、どんなことが言えるだろうか。

イギリスの三軍幕僚長委員会と三つの三軍統合委員会は、日本の大本営に相当すると考えられる。日本の大本営と同様、イギリスの幕僚長委員会・統合委員会も軍人のみのスタッフ組織であった。しかし、三軍統合委員会は、幕僚長委員会のスタッフであると同時に、戦時内閣のスタッフでもある。その点で、政略優位の下で政戦両略の統合が図られた。

さらに、幕僚長委員会は国防相の下にあり、常時イズメイがチャーチルの方針や指示を伝えると同時に、幕僚長委員会の判断や計画をチャーチルに知らせた。チャーチルが幕僚長委員会のメンバーと直接協議する機会も少なくなかった。ここでも政治指導の下で政戦両略の統合が図られたのである。チャーチルは「大本営」の構成員ではないが、「大本営」を上から指導・統制したと言えよう。

これに対して日本では、政府と大本営との連繫を図るため連絡会議を設けなければならなかった。「大本営」（幕僚長委員会）が国防相の下に置かれたイギリスとは異なり、政府と大本営は対等であった。たしかに連絡会議では、政戦両略の一致を目指して情報交換と協議が重ねられた。しかし、情報交換と協議に努力が傾けられたとはいえ、政戦両略の有機的な統合が実現されたわけではない。軍事戦略すなわち作戦は、軍事的合理性のみを基準として策定・実施され、政治的効果への考慮は二義的だったからである。政略優位の下での政戦両略統合は達成されなかった。

もう一つの重要な点は、イギリスの場合、幕僚長クラスのトップレベルでも、作戦部長・情報部長・兵站部長クラスのミドルレベルでも三軍の戦略統合が進められていたのに対し、日本の場合は陸海軍の戦略統合がほとんど実現できなかったことである。それは、大東亜戦争中の徴傭船舶をめぐる陸海軍の対立に象徴されている。大本営陸軍部と海軍部は、それぞれ別の場所で執務した。大本営会議も形式主義に流れ、情報交換や戦況報告にとどまった。

イギリスでも、軍事戦略をめぐって三軍間に深刻な対立・衝突が起こったことは少なくなかったはずだが、そのような場合には、強力な政治指導によって対立・衝突を押さえ込んだ。軍種間の戦略統合は、陸海空軍それぞれの組織的利害が絡み、軍が自律的に達成することはかなり難しい。明確な政略（グランド・ストラテジー）に基づき各軍種の軍事戦略に優先順位をつける強力な政治指導によってこそ、軍種間の戦略統合が達成される。イギリスにはそうした政治指導があったが、日本にはなかったということになろう。そうした意味で、日本の政治指導は貧困であった。

なぜそうした強力な政治指導がイギリスでは可能であり、日本では不可能だったのか。一方のチャーチル、他方の近衛文麿と東条英機という個性の差なのか。それも理由の一つであるに違いない。戦争指導体制は、指導者が自らリーダーシップを振るえるように構築し運用すべきものであるから、個性の差がもたらす違いは大きいと言えよう。

もう一つの違いは、政治体制から生まれる政治文化の違いである。端的に言えば、デモクラシー（多元的民主主義）体制のイギリスは戦時「独裁」を許容した。多元的権威主義体制の日本は、戦時に必要とされる「独裁」を許容しなかったのである。

【参考文献】

雨宮昭一『近代日本の戦争指導』吉川弘文館、一九九七年
伊藤隆・武田知己編『重光葵 最高戦争指導会議記録・手記』中央公論新社、二〇〇四年
稲葉正夫編『現代史資料37 大本営』みすず書房、一九六七年
風見章『近衛内閣』日本出版協同、一九五一年、再版・中公文庫、一九八二年
加藤陽子『模索する一九三〇年代――日米関係と陸軍中堅層』山川出版社、一九九三年
参謀本部所蔵『敗戦の記録』原書房、一九六七年
参謀本部編『杉山メモ――大本営・政府連絡会議等筆記』上下、原書房、一九六七年
関口哲也『昭和期の内閣と戦争指導体制』吉川弘文館、二〇一六年
森松俊夫『大本営』教育社歴史新書、一九八〇年、再版・吉川弘文館、二〇一三年
矢部貞治『近衛文麿』上下、弘文堂、一九五二年、再版・読売新聞社、一九七六年

第8章　アメリカの戦争指導体制と政軍関係

赤木完爾

はじめに

第二次世界大戦以来、アメリカ合衆国はきわめて大きな国家安全保障機構を行政部門に作り上げた。大統領の外政・戦争指導に対する強いリーダーシップ、総合政策調整機能を有する国家安全保障会議（National Security Council）の設置と発展、アメリカ史に類例を見ない大規模な陸海空軍の現役兵力の維持、国家の情報機関の拡充と強化などである。それはトルーマン政権を経てアイゼンハワー政権において制度化が著しく進展するけれども、それらの起源は第二次世界大戦中に胚胎するものである。本章は、第二次世界大戦期におけるアメリカの戦争遂行の組織と運営における政軍関係の展開について概観したものである。

アメリカの政軍関係——大統領、議会、陸海軍、国務省

歴史的に軍事組織には、軍隊を指揮命令してこれを死地に投じる、作戦運用を担う統帥部門と、一般行政事務、すなわち人事、予算決算、補給や調達、研究開発などの業務を取り扱う軍政部門の二つが存在するようになっていた。統帥事項の特徴は軍政事項とは異なり、あくまでも必要性を追求するものであり、敵の打倒、軍事行動における勝利の獲得が目指すところとなる。これに対して軍政事項の特徴は、あくまで可能性の上に立脚し、統帥の必要性を裏付ける可能性を準備するところにある。したがって統帥事項の必要性と軍政事項の可能性とは相容れない葛藤を生じることが時にはありうることとなる。また両者は各国の軍隊組織特有の来歴から、明確に分離していないこともまれではない。すぐれた戦争指導やそれを導く戦略はこうした必要性と可能性の上に構築されるものである。

第二次世界大戦におけるアメリカの政軍関係は、このような統帥と軍政の二つの側面からみると、二〇世紀初頭から徐々に始まっていた軍政部門からの統帥部門の分離と、大統領の指揮のもとにおける統帥部門の著しい権限拡大としてその特徴をまとめることができる。そうした趨勢の反面として、従来の陸海軍長官ならびに陸海軍省の権限の

縮小が導かれた。さらにアメリカ合衆国の場合、憲法上大統領はアメリカ陸海軍、ならびに合衆国の下に現役に編入された各州の民兵の最高指揮官（指揮官中の最先任者 Commander-in-Chief）であり、大統領の軍隊指揮権は憲法上の職権（ex-officio）である。このため大統領と軍事部門の結びつきの態様がきわめて重要な観察対象となる。総力戦化した第二次世界大戦期において、軍政部門が担った経済・産業動員についての統制は軍部と文民機関の分担によって行われた。

政軍関係の中で、さらに着目しなければならない側面は、軍事機構と外部の関係である。すなわち陸海軍と議会との関係、および外交政策と陸海軍の関係である。陸海軍と議会の関係においては、なかでも陸軍は二〇世紀前半において、様々な制度改革をめぐる紛糾の際に、陸軍参謀総長は陸軍長官や大統領の支持を得ることがあった一方で、反対派の軍人たちはしばしば議会の支持を受けて抵抗することが多かった。たとえば二〇世紀はじめウィリアム・ハワード・タフト（William Howard Taft）政権下における陸軍の改革（参謀本部の強化）をめぐる紛糾で、ウッド陸軍参謀総長（Leonard Wood）とエインズワース軍務局長（Fred C. Ainsworth）の対立が深刻化し、スティムソン陸軍長官（Henry L. Stimson）は参謀総長を支持したが、軍務局長は議会の支持を背景に抵抗したことがあった。こうした経験から、軍事問題に関しては立法府の干渉は好ましくなく、また避けるべきであり、文民当局との関係は行政府の長でありかつ最高指揮官である大統領に集中すべきであるとする合意が徐々に形成されていた。

他方、行政部門の中での政軍関係として着目すべきは、陸海軍が二〇世紀初頭から四〇年にわたって、その任務とする国益擁護のために外交政策から導かれる軍事戦略のガイダンスを求めて、国務省ないしは外政担当者との間で密接な政軍関係の調整を一貫して求めていたことである。その職責から、陸海軍は長期にわたる軍備の建設と維持、準備態勢のレベルを決定する際に、外交政策との調整は必須であると考えていた。しかしながら行政部門内部における外交政策をめぐる政軍関係の調整問題は、必ずしも軍部が希望するようには進展しなかった。それは外交と戦争をまったく別の事象として峻別するアメリカ特有の戦争観が背景に存在した。国務省や外交に携わる政治家たちには、戦争は異常事態であり、外交とはまったく異なる別次元の問題と考える著しい傾向があった。したがって戦争が始まるまでは、陸海軍の将校が政策の形成に何らかの役割を果たすことはあり得ないというのが彼らの主張であった。戦間期の軍縮会議においても、軍事部門からの助言が真剣に考慮された事例はわずかにとどまる。ことにウッドロー・ウィルソン大統領の時代には、陸海軍統合会議（Joint Board：一九〇三年設置の陸海軍の協力調整のための諮問機関）が国務省を迂回して大統領に助言を求め、また政策の調整を試みたことに対して大統領が激怒し、陸軍参謀本部のすべての将校の解任、統合会議の機能停止、海軍政策の最高機関であった海軍将官会議の解散といった危機に軍部が見舞われたこともあった。

国務省と陸海軍の政策調整のための接触が始まるのは一九三五年に極東情勢をめぐって国務省の極東専門家スタンレー・ホーンベック（Stanley Hornbeck）が統合会議に出席した時が最初であり、その後ローズヴェルト大統領の指示によって、一九三八年に国務次官、陸軍参謀総長と海軍作戦部長で構成される常設の連絡会議が設置された。この国務省と軍部の間の常設の連絡会議は、第二次世界大戦中は一時期活動を休止するが、一九四四年一二月に至って国務陸海軍三省調整委員会（State-War-Navy Coordinating Committee）として復活し、政軍一体の組織として後の国家安全保障会議の直接の母体となった。

ローズヴェルト大統領と政軍関係の変容

世界情勢における危機の深化を背景に、ローズヴェルト大統領がそのリーダーシップによって積極的に政軍関係を運営し始めるのは一九三六年からである。しかしながら、もっとも大きな制度上の進展は、アメリカ参戦後の一九四二年における統合参謀長会議の設置である。それに先立つ制度と人事について瞥見しておきたい。

最高指揮官としての大統領権限の拡大をめざす措置として、ローズヴェルト大統領は一九三九年七月に陸海軍統合会議、陸海軍統合軍需委員会、その他いくつかの調達機関を従来の陸海軍省の管轄から外して大統領府に移管した。これによって統合会議は最高指揮官の指揮と監督のもとに業務を遂行することができるようになり、大統領に対して戦略問題に関する直接の助言が可能となった。かくして第二次世界大戦中、戦略問題で大統領に助言をなしえたのは、大統領顧問のハリー・ホプキンス（Harry Hopkins）を除けば、統合会議を引き継いだ統合参謀長会議のメンバーに限られることとなった。

また統合会議の大統領府への移管に前後して、大統領はハロルド・スターク海軍大将（Harold R. Stark）を作戦部長に、ジョージ・マーシャル陸軍大将（George C. Marshall）を参謀総長にそれぞれ任命した。両者とも有能かつ非政治的な軍人であった。こうして外交政策と軍事戦略を結びつけるのは大統領ただ一人であるという体制が出来上がった。さらに大統領は陸軍参謀総長と海軍作戦部長のそれぞれ野戦軍と艦隊に対する統制の確立を促し、陸軍参謀総長は一九三六年に全野戦軍と陸軍省の部局に対する統制権を得た。これが大統領の行政命令に基づいてマーシャルが措置した一九四二年の陸軍省の大改革の成功を裏付けた。陸軍よりもやや遅れるが、海軍は一九四二年はじめにスターク海軍大将がヨーロッパに転出した後、合衆国艦隊司令長官アーネスト・キング海軍大将（Ernest J. King）が作戦部長を兼ねて、ようやく全艦隊と海軍省の部局に対する作戦部長の統制が確立した。海軍はその発足以来、海軍省の各局長の権限が強大で、一九一五年にようやく設置された海軍作戦部長の職責は、長期の戦略計画策定に限定されていた。そうした伝統的制度と組織を法改正によって直ちに改変することがきわめて困難であったため、ローズヴェルトは海軍省の部局長が作戦部長の指示に従わない場合にはみずからそれらを更迭するとキングに約束して就任させた。

こうした制度上の変化は、最高指揮官である大統領が、陸軍参謀総長、海軍作戦部長という二人の軍人との直接の接触を通じて、全米軍の部隊と組織を完全に統制下において指揮できるという実体を作り出した。先述した統帥部門の拡大強化の具体的意味は陸軍参謀総長、海軍作戦部長の各々の軍に対する統制権の強化である。このことには野戦軍司令官を高次元の政策決定に関わらせず、大統領ないし議会との間でそれらを処理するのはワシントンの統合参謀長会議のみであるという含意があった。これらの推移は、ローズヴェルト大統領の意図した取り組みの結果であった。彼は陸軍長官、海軍長官および国務長官を主として国内政治的な観点から任命していた。特にコーデル・ハル国務長官（Cordell Hull）は長くテネシー州出身の下院議員および上院議員であり、議会対策には欠かせない人物であった。しかしながら外交政策ことに戦略問題については、ローズヴェルトはその意見を尊重することはなく、自ら政策を担う決意であった。

一九四〇年六月にローズヴェルトは陸海軍長官を更迭し、陸軍長官にヘンリー・スティムソン、海軍長官にフランク・ノックス（Frank Knox）を起用した。両者はともに長く公職にあった経験豊かな政治家であった。ことにスティムソンはタフト大統領のもとで陸軍長官を務め、フーバー大統領のもとで国務長官を務めていた。両者とも共和党員であったが、その任命はローズヴェルトが軍備拡張と戦争準備、および対英軍事援助などの案件を党派的な問題にしたくなかったからである。陸海軍の両長官は議会と世論に対処し、大統領はスタークとマーシャルを指揮して戦略問題に取り組んだ。彼らとの密接な関係がなければ、対英援助に関わる議会対策、あるいは一九四〇年のイギリスとの間の駆逐艦・基地交換協定の締結は難しかったと評価されている。

統合参謀長会議の設置

統合参謀長会議は、真珠湾攻撃によってアメリカが第二次世界大戦に参戦し、即座にイギリスとの連合戦争の調整が必要となって設置された。同会議は最高指揮官である大統領の下に、アメリカの最高統帥機構として機能した。その役割は二つあり、一つは大統領の軍事顧問団であり、今一つの役割は陸海軍の方針を調整し、それらに対する戦略的指令を与えることであった。大統領の軍事顧問団として、同会議は戦争計画と戦略、陸海軍の補給の必要、統合した陸海軍の方針について、大統領に直接勧告した。陸海軍の調整機関の機能としては、同会議は統合戦争計画を立案し、その実施に関わる指令を発し、軍需品、燃料、海上輸送といった重要資源やサービスを配分し、戦略情報の収集、秘密活動の遂行を統制した。

アメリカ参戦後、一九四一年一二月二二日から翌年一月一四日までワシントンで開催された最初の英米首脳会議（アルカディア会談）で、ローズヴェルト大統領とチャーチル英首相の合意によって、連合参謀長委員会（Combined Chiefs of Staff：CCS）が設立され、それは第二次世界大戦における英米の戦略指導に関する最高位の軍事組織体となった。チャーチル首相は、首脳会議に自らの軍事的助言者として、第一海軍卿（海軍軍令部長）、帝国参謀総長、空軍参謀総長から構成される三軍幕僚長委員会（Chiefs of Staff Committee）を帯同していた。同委員会は一九二三年以来イギリス陸海空軍に対する指揮と戦略指導について共同の責任を負うとともに、首相ならびに戦争内閣に対して軍事的助言を行っていた。

アメリカ側にはこれに相当する機関は存在しなかった。なるほど陸海軍統合会議はこれまで存在し、統合戦争計画を準備し、また陸海軍間の諸問題を調整していた。しかしその構成員は八名であり、各軍種の参謀長レベルの軍人がすべて含まれていたわけではない。このため統合会議は、その陣容をもってしては戦時の運営に適合しないことは明らかであった。

アルカディア会談の軍事問題討議に参加したアメリカ側の代表が持つ責任範囲は、イギリス側のメンバーのそれに完全には合致していなかった。またアメリカ側の代表は未だ大統領から特定の任務や責任を付与されていなかった。このためアメリカ側は急遽イギリス側メンバーに一対一で対応することで対処した。すなわちマーシャル陸軍参謀総長はイギリス側の帝国参謀総長に相対した。アメリカ海軍の最高統帥に関する責任は二つに分離していた。スターク海軍作戦部長とキング合衆国艦隊司令長官である。両者はイギリス海軍軍令部長との討議では二人で対処した。空軍に関しては対応する官職がアメリカ側になかった。イギリス空軍は一九一八年以来すでに独立軍種であり、イギリス陸海軍と同格であった。アメリカにおいては、航空部隊は陸軍と海軍の一部であった。そこで陸軍航空部隊指揮官兼航空担当参謀次長のヘンリー・アーノルド陸軍中将（Henry H. Arnold）がマーシャルの部下として、会議において航空関係について相対した。

こうしてアルカディア会談でアメリカとイギリスの高級将校は広範な戦略を計画するとともに、戦争の戦略指導について新しい組織を作り上げることを決定した。英米の三軍の参謀長会議を結合させる連合参謀長委員会がそれである。大統領と首相はこの組織を承認し、一九四二年一月二三日からただちに業務が開始された。次頁の図は一九四二年一一月の統合参謀長会議とその下にある委員会の組織図である。図にある実線で囲まれた下部の委員会がイギリス側の組織に対応して鏡に映すように設置されたものである。

連合参謀長委員会の設置はアメリカ側の最高統帥の発展に深い影響を与えた。アルカディア会談でアメリカ軍部を代表した四名は引き続き連合参謀長委員会のアメリカ代表となった。連合参謀長委員会の会合の準備において四名は密接に協議し、また下部の

統合参謀長会議 組織図（1942年11月1日）

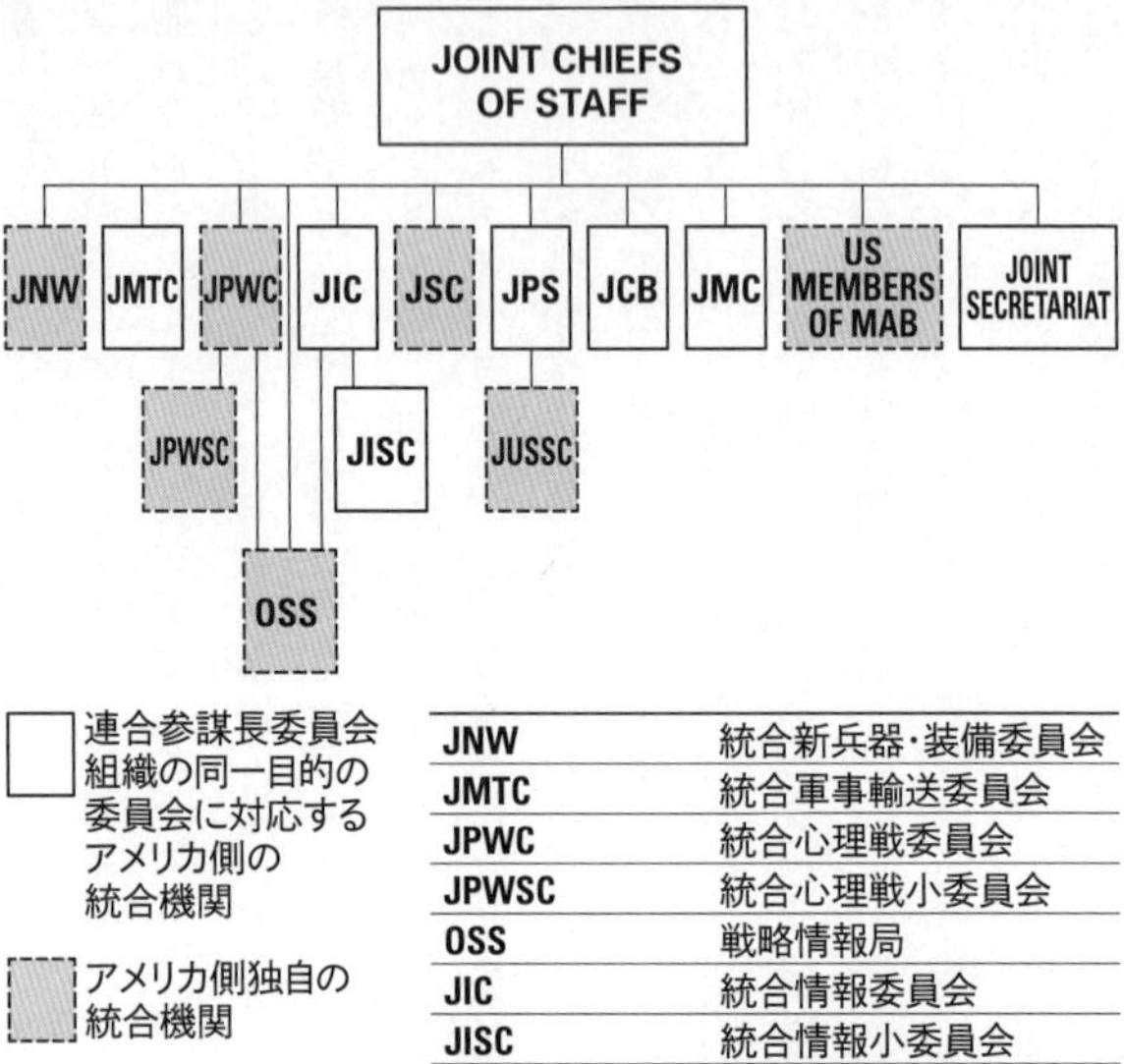

JNW	統合新兵器・装備委員会
JMTC	統合軍事輸送委員会
JPWC	統合心理戦委員会
JPWSC	統合心理戦小委員会
OSS	戦略情報局
JIC	統合情報委員会
JISC	統合情報小委員会
JSC	統合保全委員会
JPS	統合計画幕僚部
JUSSC	統合戦略委員会（米）
JCB	統合通信部
JMC	統合気象委員会
MAB	在ワシントン軍需品割当委員会
Joint Secretariat	統合参謀長会議事務局

出典：“Organizational Development of the Joint Chiefs of Staff, 1942-1989,” TMs.(Washington, DC : Historical Division, Joint Secretariat, Joint Chiefs of Staff, November 1989), 7.

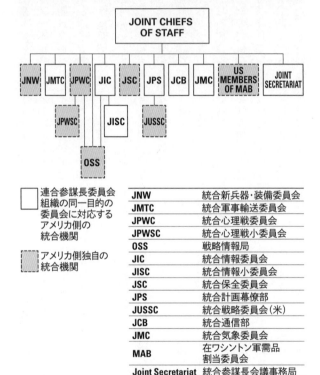

様々な委員会が作成する政策文書の準備を監督した。そしてアルカディア会談以降、米英両国の合意によって、「連合」が二カ国以上の協力を意味し、他方「統合」が一国の軍種間の協力を示すという言葉の定義も決定されたのである。新編された統合参謀長会議は、連合参謀長委員会の活動準備のため、一九四二年二月九日に最初の会合を開いた。一九四二年三月までに統合参謀長会議とその下部組織の編成は終わり、戦前からの陸海軍統合会議の機能が吸収された。

ところで統合参謀長会議の機能と任務は戦争期間中明確に決定されなかったし、その組織を法令で基礎付けることもなされなかった。それは進行中の戦争の必要に適合するように、その活動を拡大する余地を残すためであったが、こうした柔軟性を確保しておくこともローズヴェルト大統領の意図したところであった。

こうして統合参謀長会議は最高指揮官であるローズヴェルト大統領に直接の責任を負うこととなった。そして戦略と軍事作戦について、大統領は陸海軍省の文官を通じた指導よりも、直接、陸海軍の長である軍人を指揮することをとりわけ好んだ。この結果、陸海軍省の長官の責任は、行政、動員、調達の問題に限定されることになった。

一九四二年三月にスターク海軍作戦部長がヨーロッパに転出し、キング合衆国艦隊司令長官が作戦部長を兼務し、統合参謀長会議の構成員は三名に減じた。マーシャル陸軍参謀総長は統合参謀長会議を主宰し、ホワイトハウスとの連絡を維持するために、四人目の構成員が必要であると考え、大統領を説得した。この目的のため、一九四二年七月二〇日、大統領は新設した大統領付参謀長に、ヴィシー・フランスの大使から帰任したウィリアム・リーヒ海軍大将（William D. Leahy）を任命した。マーシャルや他のメンバーが大統領と直接面談して、大統領の統合参謀長会議に対する要求を受け止め、あるいは統合参謀長会議の大統領に対する助言がなされることに変化はなかったが、リーヒがホワイトハウスに常勤することによって、軍首脳とホワイトハウスとの日常的連絡は大いに改善された。

政軍関係の動態

第二次世界大戦におけるローズヴェルト大統領と統合参謀長会議の関係について、しばしば指摘される批判は、統合参謀長会議が戦略的課題に対する政治的判断を控え、純粋に軍事的な助言に終始し、また大統領も戦争における軍事的勝利を何よりも優先させたために、そうした助言を疑問なく受け入れたことに向けられている。この結果として、政治問題に対する助言が欠落する結果をもたらし、また大統領の統合参謀長会議への過度の依存と国務省に対する不信と軽視の傾向が相まって、戦後の懸案に関わる一連の大失敗が招来され、戦争の終わりまでにソ連のパワーの好ましからぬ著しい増大をもたらしたとする。たとえばサミュエル・ハンティントンは行政府の中の文官部門の助言の排除について、きわめて批判的である。さらにこうした傾向を助長したのは、ローズヴェルトに特有の気まぐれで即席の政策決定のスタイルにあるとする批判も根強いものがある。

しかしながら大戦中の大統領と、マーシャル、スターク、キング、リーヒらとの関係を顧みて、少なくとも大統領が助言される軍事的考慮にもっぱら拘束されていたと評価することは難しい。また大統領の統合参謀長会議に対する接し方はたしかに個人的でくだけたものであったが、一貫して軍事的助言を要求し、またそれを軍事的、政治的理由で受け入れないこともしばしばあったことは確認しておかねばならない。さらに統合参謀長会議の大統領への助言には少なからず政治的なものもあり、決して純粋に軍事的な助言ばかりがなされていた訳ではない。

大統領のインフォーマルなアプローチをもっとも嫌ったのはマーシャル参謀総長であ

った。彼は大統領にファーストネームで自分を呼ぶことを許さず、また大統領はしばしばマーシャルを個人的に招待したけれども、ウォームスプリングスやハイドパークの私邸、ホワイトハウスに公務以外で立ち寄ることをしなかった。彼がハイドパークを訪れたのは、ローズヴェルトの葬儀の時が最初だった。これに対して海軍の二人は、ローズヴェルトが第一次世界大戦時を含め七年余り海軍次官であったこともあって、マーシャルほどには大統領との接触について抑制的ではなかったが、その反面、大統領が陸軍よりも海軍の事情に詳しかったため、艦艇の移動にまで介入されることもあった。ローズヴェルトが統合参謀長会議との会談で、陸軍を「彼ら」、海軍を「我々」としばしば発言するのに対して、マーシャルが異議を挟んでやめさせるようなことも起こっていた。

しかしながら、大統領はそうした事情故に海軍に好意的な判断をしていた訳ではなく、一九四〇年のイギリスとの駆逐艦・基地交換協定では、海軍の反対を押し切っている。また艦隊の西海岸から真珠湾への移動に強く反対したリチャードソン合衆国艦隊司令長官（James O. Richardson）は更迭されている。さらに一九四〇年から四一年における対英援助、対ソ援助について、大統領は援助に難色を示した軍部の助言を容れていない。

結局のところローズヴェルト大統領は在任中、統合参謀長会議と定例的に会議を持つことはなかった。常続的にホワイトハウスにあって、大統領付参謀長となったリーヒに対しても、ローズヴェルトは彼を全軍の参謀長として扱うことはなかった。大統領は、リーヒが大統領の意向を正確に統合参謀長会議に伝達することのみを期待した。統合参謀長会議は最高指揮官の道具であり、最高指揮官に責任を負うものであり、リーヒはその統合参謀長会議の代表であった。マーシャル参謀総長が全米軍の参謀総長という含意をもって、大統領に大統領付参謀長の職を新設してリーヒ提督を任命するように促したときも、大統領はきわめて否定的で、自分が全米軍の参謀総長であり最高指揮官であると重ねてマーシャルに言い放ち、大変に不愉快になったという。顧みてローズヴェルト大統領は、各軍の統制の集中は行ったが、さらにそれを束ねるような軍のあり方にはきわめて批判的であったと思われる。そのことがローズヴェルト政権の政軍関係における個人的関係の重視と制度化への消極性の理由と見るのが穏当な評価であろう。

よく知られているように一九三八年一一月から一九四四年までにおいて、大統領が軍部首脳の軍事的助言を覆したケースは二二回あり、参戦後の軍事的助言に拠らない大統領の戦略的決定は一三回を数える（六二、六三頁の図表参照）。大統領と統合参謀長会議の紛糾の原因は、双方の軍事的見解と政治的見解の相違から生じているものであり、統合

軍事部門からの助言に反して、ないしはその抵抗を排除してなされた大統領の決定

1938年	11月	2年以内に航空機1万機の生産を命令。かつ1年に1万機（後に5万機）の製造施設の拡充を命令
1940年	6月	武器弾薬装備品の対英援助を陸海軍が自国の再軍備に必要であると考えていた水準を超えて命令
		B-17のイギリスへの引渡を命令
		対日抑止のために合衆国艦隊の真珠湾常駐を命令
1941年	5月	中国への武器貸与援助を命令
	5～6月	西大西洋での守備隊駐留を命令
	7月	対日石油禁輸を命令
	7～8月	フィリピンへの増援を命令、マッカーサーを駐比米軍司令官に任命
	11月	ハルノート発出を承認
1942年	3月	ソ連への武器貸与の全面執行と第2次武器貸与協定の交渉を命令
	5月	マーシャルの抵抗を排除して、実質的にモロトフに1942年中の第2戦線設定を約束
	5～6月	中東におけるイギリス援助に関する大統領自身の計画を実施させる
	7月	マーシャルとキングの太平洋戦線への戦略優先順位の全面転換を覆す
		北アフリカ上陸作戦の実行を命令
	8月	コーカサスにおける陸軍航空隊の展開を覆す
1943年	1月	対ソ武器貸与を条件付きとする陸軍省の方針を覆す
	3～4月	イギリスの輸入危機に対するJCSの立場を覆す
	5月	イギリスへの兵力集中の大きさに関するJCSのカサブランカ会談での提案を覆す
		ANAKIM（1942年終わりから1943年はじめに計画されたビルマへの上陸作戦構想）を中止に追い込む
	8月	英仏海峡横断作戦の優先順位をめぐるイギリスとの対決を要請するJCSの提案を覆す
	12月	カイロ会談で自らの意見を変更し、JCSのアンダマン諸島への上陸作戦計画を覆す
1944年	10月	陸軍省とリーヒの判断を覆し、スティルウェル召還を決定

大統領が自ら主導した戦略的決定

年	月	決定
1941年	1月	米英秘密幕僚接触における基本方針を指示
	7月	陸海軍省に対枢軸（独伊）および日本に対する勝利のための産業動員計画の作成を命令
1942年	1月	4月実施を予定する東京空襲（ドゥーリトル）を示唆？
	3月	米英の戦略担任地域分担を決定
	4月	セイロン島支援のための米空母レンジャーのインド洋派遣を決定／戦艦ワシントン・空母ワスプを英根拠地スカパ・フローに派遣を決定
	8月	陸軍航空部隊に対して対枢軸絶対的航空優勢に必要な航空兵力の見積りを要求
	11月	1943年におけるイギリスの輸入2700万トンを確保する船舶輸送をチャーチルに約束 チュニジアにおける勝利の後、地中海における次の作戦行動をCCSに検討させることをチャーチルに示唆
1943年	1月	米英でドイツ敗北後の対日参戦をスターリンに確実に約束させるようチャーチルに提案 無条件降伏を戦争目的として宣言
	3月	ラバウル攻略のため、マッカーサーへの航空機増援を命令
	8月	マーシャルにイタリア降伏後の地中海作戦の腹案を提示、具体的措置の提案を求める
	10～11月	アッサムにおける空輸強化について陸軍省に命令、チャーチルに協力要請／中国からのB-29による対日爆撃の実施についてチャーチルと蔣介石に援助を要請

出典：Kent Roberts Greenfield, *American Strategy in World War II; A Reconsideration* (Baltimore, MD : Johns Hopkins University Press,1966), 80-84.

参謀長会議が政治的見解を持っていなかったために生じたものではない。

一九四二年の北アフリカ上陸作戦をめぐる大統領と統合参謀長会議の緊張は、よく引かれる例である。大統領は、政治的理由によってその年計画されていた北フランスへの上陸作戦の代わりに北アフリカ上陸作戦を統合参謀長会議に押しつけた。それには以下のような政治的理由があった。すなわちイギリスが一九四二年における英仏海峡横断攻撃を拒否したこと。第二戦線の早期設定を約束してしまったソ連を安心させ、そしてアメリカ世論をなだめることである。そしてマーシャルとキングが北アフリカの代わりに太平洋への軍事的努力の転換を示唆したとき、大統領は激怒してその提案を却下した。次いでマーシャルとキングおよびホプキンスをイギリスに派遣して、北アフリカ作戦でイギリス側と合意することを命じた。それを命ずる大統領の文書には自身の署名の後に敢えて最高指揮官と記したのである。

アメリカ参戦当初に確立されたドイツ打倒最優先の大戦略方針は、軍事的決定であると同時にきわめて重い政治的決定でもあった。こうした背景からすれば、太平洋優先に転換しようとする統合参謀長会議の助言は、その本質において到底、純軍事的な判断ではあり得なかった。統合参謀長会議は政治的要素と軍事計画の間の関係を明確に理解しており、そうした要素も彼らの戦略的評価の中に織り込まれていた。大統領と異なったのは、政治的要素の評価に関わるものであった。北アフリカ上陸作戦について、マーシャルは後に次のように述懐している。「我々は、ある種のデモクラシーにおいて指導者は人々を（適切な表現とは言えないが）面白がらせ続けねばならないことを、わかっていなかった。人々は行動することを要求したのだ。我々は完全な準備〔イギリス本土への兵力の十分な蓄積を待ってフランスに上陸するというマーシャルと統合参謀長会議の計画〕ができるまで待つことはできなかった」。

しかしながら、一九四三年にはローズヴェルトとマーシャルの間に類例のない協力関係と信頼関係が生まれた。こうした状態を導いたのは、大統領が偉大な政治家であり史上まれにみる軍事指導者であった一方で、マーシャルが骨の髄まで非政治的な軍人であり、そのことがやがて彼をもっとも有能な政治家にしたという逆説的事情によるところが大であるとする見方がある。マーシャルが軍事問題を考察する場合、非軍事的要素、すなわち大きな政治的環境を見通すことが発想の根本に存在した。それは後年、国務長官となるディーン・アチソン（Dean G. Acheson）の観察である。しかしながら同時代において、こうした事情はまったく外部から看取されることはなかった。マーシャル自ら、政治的要素が常に頭から離れることはなかったけれども、細心の注意を払ってそれを外に漏らすことはなかったし政治的問題を同盟国のイギリスと議論することも絶対にしなかったと回顧している。なぜならそれは大統領の仕事であり、大統領は最高指揮官であったからである。

大統領はハル国務長官に、戦後の新しい国際組織の制度設計に力を注がせる一方、大戦の大戦略決定から排除し、彼を戦時の連合国首脳会談に帯同することは遂になかった。しかし統合参謀長会議に従属する下部委員会の計画担当者は戦争中、国務省との協議を継続していた。また各戦域の司令部には国務省の外交官が顧問として従軍していた。ことに戦後計画の問題については、先述した国務陸海軍三省調整委員会に先立つ活動が継続していたのである。そうした場においては、戦争後半期にあっては、主として降伏条件や占領、戦後における海外基地の問題が検討されたが、それらはそもそも政治問題であった。

ソ連問題

一九四〇年末からのアメリカ合衆国の大戦略方針を概観する中で、戦略計画におけるソ連要因が統合参謀長会議とその下部組織において、どのように考えられ取り扱われていたかは、統合参謀長会議の大統領に対する助言が、単に軍事的要素のみを重視していたものではないことの何よりの証拠となる。

一九四〇年末から一九四一年にかけて、アメリカ軍部首脳が案出した戦略はヨーロッパ第一主義、すなわちドイツ打倒を最優先する戦略であった。それはイギリスの生存とヨーロッパの勢力均衡がアメリカの安全保障にとって決定的に重要であるとする事実認識に基づいていた。アメリカがヨーロッパ戦争に参戦することを前提とすれば、太平洋は考慮の外に置いて、いかなる犠牲を払っても日本との戦争は避けねばならなかった。そこでは陸海軍が国務省の対日政策が挑発的かつ危険なものであると認識していたことが特徴的である。

一九四二年と一九四三年において統合参謀長会議は、英仏海峡横断攻撃と地中海作戦についての英米の戦略をめぐる紛糾が、英米両国のグローバルな戦略的対立の一部であると主張した。両国の国家政策と戦後の利益は明らかに異なるからである。したがってアメリカの国益を擁護するために、統合参謀長会議は、地中海作戦を犠牲にすることによって、英仏海峡横断攻撃を遂行するだけでなく太平洋にも高い優先順位をおくことを主張した。

紛糾を重ねた第二戦線の設定問題をめぐっては、統合参謀長会議は、基本的に次のような立場をとっていた。第二戦線問題の議論の前提として、戦後にあっても米ソ協調の確保がまず大前提とされていた。そのためにはソ連に誠意を示す必要があり、第二戦線問題ではソ連に対する軍事的圧力を早期に激減させる作戦が構想されねばならない。この種の作戦として適切なものはアメリカ側の見解では北フランス上陸作戦をおいて他にはない。しかしソ連のパワーの増大の前に手をこまねいているのではなく、ソ連に対する西側連合国の立場を強化するためには、ドイツ敗北以前において西ヨーロッパの制圧が必要であり、ドイツを打倒し、かつヨーロッパ大陸におけるソ連の覇権を阻止することができる戦場は、地中海ではなく北フランスである。そしてアメリカの基本的国益は主として西ヨーロッパと太平洋にあって地中海にはない、とする論理であった。

第二戦線をめぐる戦略検討の中で、一九四三年末から一九四五年はじめまで、統合参謀長会議はソ連との戦中と戦後における密接な協力がアメリカの基本的政策目的であるべきだと主張した。そもそもドイツとの戦争が続いている間、ソ連の協力なくしては、ドイツは打倒できないし、アメリカの人的損害が著しく大きくなり受け入れがたい水準になりかねない。さらにそうした協力は戦後にまで継続されるべきである。なぜなら枢軸国を打倒した後、ソ連は中東欧、中東、北東アジアにおいて軍事的優越を達成するからである。このソ連のパワーの優勢に対してライン川とアドリア海の西から挑戦することは難しいと考えられていた。そしてこのソ連のパワーの拡大はイギリスのパワーの急速な衰退と相まって、世界の勢力均衡の大変化をもたらすと観察していた。

これを要するに統合参謀長会議は戦後において二つの超大国が出現することを予期し、米ソ間の紛争を回避しなければならないと主張していたのである。もとより彼らはソ連との将来の紛争の可能性を否定するほど単純ではなかったが、それには反対であったのである。同時に新しい国際組織の設立構想の中で構想された国際警察軍ではなく、国軍による戦後安全保障の達成が目指され、また空海軍基地の世界的なネットワークの獲得と中央情報機関の設立も主張されていた。そして戦後の完全な復員に反対し、十分な兵力と基地のシステムがグローバルな超大国に必要であるとし、潜在敵国はソ連ないしは復活した独日であると考えていた。

ローズヴェルトが統合参謀長会議のこうした政治的かつ軍事的見通しに同意していたか不同意であったかは、懸案となった具体的問題と時期によって異なってくる。一九四〇年から一九四一年にかけてのヨーロッパ第一主義と日本の取り扱いをめぐる助言は、軍首脳と戦略計画者の政治的かつ軍事的な認識に完全に合致していた。しかしそれは予想されるアメリカのアジアにおける同盟国の反撥と、もしローズヴェルトが日本を宥和する一方でさらに積極的にヨーロッパにおける参戦を追求した場合のアメリカ世論の反応を軽視していた。結果として、ローズヴェルトがドイツ打倒最優先の戦略とその背後の論理を受け入れていたとしても、彼は対日政策の変更を受け入れなかった。一九四一年末、戦争が避けられないとしても、それを引き延ばすために日本との間で少なくとも暫定的な合意を達成することが、軍首脳が主張する戦略の成功にとって決定的に必要であるとする見解は採られなかったのである。

同様に一九四二年において統合参謀長会議の太平洋への戦争努力転換の主張は、同盟国と戦争努力の双方に対して得るところは何もないと判断された。それは日本の対米戦争に期待したドイツの利益に奉仕するものだ、というのが大統領の判断であった。しかしながら一九四三年に至って、アメリカの戦時生産が莫大な戦力を生み出すにつれて、ローズヴェルトは統合参謀長会議の議論を受け入れ、一九四四年の英仏海峡横断攻撃と太平洋戦域へのさらに高い優先順位の付与を認めたのである。ソ連に関する統合参謀長会議の政策的な助言は、大統領の方針を正直に反映して対決的な方向を示してはいなかった。しかしながら、ほどなくヤルタ会談以降の米ソ関係の悪化を背景に、対ソ政策変更の必要が軍部においても外交政策担当者の間でも主張されるようになってきた。その政策転換を主導したのは、駐ソ大使W・アヴェレル・ハリマン（William Averell Harriman）、駐モスクワ米軍事使節団団長のジョン・ディーン少将（John Dean）である。戦後におけるソ連との協調という統合参謀長会議の前提は一九四五年四月の大統領の死去とともに変化を始めることとなる。

統合参謀長会議の下部組織、特に陸軍の計画幕僚の対ソ態度についても、興味深い趨勢の指摘がある。近年の研究によれば、一九四五年なかばまでに陸軍の幕僚の間に親英的であり同時に反ソ的な志向が固まりつつあったという。こうした傾向は陸軍の軍人たちの世代的若返りを反映していた。彼らは戦間期の孤立主義とイギリス嫌いに染まっておらず、またイギリスの急速な凋落を目撃して、それとの関連で将来のアメリカの安全保障にとっての西ヨーロッパの重要性を強く意識するようになっていた。一九四〇年代の教訓としてそうしたことが彼らに認識されていたことが、戦後において平時におけるヨーロッパへの関与につながったとするのである。

おわりに

第二次世界大戦においてローズヴェルト大統領が政軍関係に与えた影響には絶大なものがある。それは個人の力量においてアメリカの政軍関係の伝統である文民優位を大統領として貫徹したことである。彼は陸海軍の最高指揮官として軍事的決定を掌握し、戦争を指導し遂行した。大統領のこの側面での権限の著しい拡大は、軍における文民部門の権限縮小をもたらした。しかし他方において、彼は自らが作り上げた統合参謀長会議と大統領の関係を制度化することに一貫して消極的であり、まして戦間期にマッカーサーが企図し、戦争中もしきりと論じられた全軍を代表する一人の参謀総長を置くような考え方には一貫して反対し、統合参謀長会議内部での抑制と均衡は貫かれた。統合参謀長会議の各メンバーは、この会議体の一員であると同時に、陸海空軍の各々の長であり、全軍の利益ではなく各軍の利益を会議において代表するという制度が維持されたのである。ローズヴェルト大統領は、自ら作り上げ担った戦争指導体制を、戦時に期間を限定した臨時のものと考えていたのかも知れない。けれどもこの大戦を契機にアメリカの産業力を基盤とする大きな影響力は全世界に浸透した。それはアメリカに世界大国の地位をもたらすと同時に、その秩序維持の責任を生むことになった。

マーシャルが望んでいたように、一九四七年には国家安全保障法によって統合参謀長会議は法的基礎を持った組織になる。そしてアメリカは一九四八年には一五〇万人に近い現役兵力を歴史上初めて平時に維持するようになっていた。一九三九年の四倍の兵力である。こうした国家安全保障の体制は一九五〇年以降の軍事化した冷戦を戦う上で、必須のものであった。そしてそれは第二次世界大戦中に作り上げられたものであった。

第二次世界大戦における政軍関係の戦後への影響について、最大のものを一つだけあげるとすれば、それはアメリカ外交政策と軍事戦略において、すべての前提となる大きな概念を生み出したことである。すなわちヨーロッパにおける覇権の成立は、それがドイツであれロシアであれ、アメリカ合衆国の安全を潜在的に脅かすとする考え方である。したがってそれに対処するためには、アメリカは西半球ではなくヨーロッパにおいてそれに対処しなければならないのであり、ヨーロッパに出かけて同盟諸国と深く結びつかねばならないということである。一九四七年までに、この前方展開戦略は対ソ封じこめ戦略と呼ばれるようになった。

【参考文献】

Emerson, William. "Franklin Roosevelt as Commander-in-Chief in World War II." *Military Affairs* 22, no. 4 (Winter 1958-1959): 181-203.

Stoler, Mark A. *Allies and Adversaries : The Joint Chiefs of Staff, the Grand Alliance, and U.S. Strategy in World War II.* Chapel Hill : University of North Carolina Press, 2000.

Larrabee, Eric. *Commander in Chief : Franklin Delano Roosevelt, His Lieutenants and Their War.* New York : Harper & Row, 1987.

第9章　戦争終結の道程――「終戦」の意味と要因

庄司潤一郎

２００４（平成16）年に公開されたドイツ・イタリア・オーストリア共同制作映画『ヒトラー～最期の12日間～』（原題：Der Untergang ＝没落）は、原題が示す通り、側近に裏切られ、自暴自棄の狂気の中ドイツ民族を見捨てて自殺したヒトラーの最期の日々を描いたものである。

他方、戦後70年の２０１５年に公開された日本映画『日本のいちばん長い日』は、昭和天皇、阿南惟幾陸軍大臣、鈴木貫太郎総理大臣の戦争終結のための命を懸けた闘いが描かれており、原田眞人監督のモチーフは、「国を残すために軍を滅ぼした」であった。二つの映画の内容は対照的で、日独両国の戦争終結過程の相違を如実に物語っている。

このように、第二次世界大戦末期において、１９４３年1月のカサブランカ会談で宣言された無条件降伏の方針は、戦争の終結をより困難なものとし、確かにドイツは、べルリンの陥落まで戦い続け完全な無条件降伏を迎える。しかし、ドイツとは対照的に、日本は、本土決戦が生起することなく、ポツダム宣言の受諾により降伏するにいたる。

他方、これまでの日本における研究の関心は、例えば「終戦　なぜ早く決められなかったのか」といったテレビ番組のタイトルに象徴されるように、軍事的な敗北が明らかであるにもかかわらず、降伏が遅れた原因の分析に主に焦点が当てられてきた。そこでは、「一撃講和論」やソ連による仲介への期待といった政治指導者の認識、さらに政治制度などの問題点が指摘された。他方、戦争終結を導いた主たる要因は、原爆投下か、ソ連参戦か、もしくは両者なのかといった論争が、現在でも盛んに行われている。

本論文は、なぜ日本がドイツと異なった戦争終結の経緯を辿ったのかといった問題意識から、最近の研究を踏まえつつ、日本に政治的な降伏をもたらした背景・要因について、戦争目的、日米関係、及び軍事的要因、具体的には本土決戦をめぐる日米のギャップを対象として考察するとともに、その遺産についても言及したい。

限定された戦争目的――「国体護持」

1945（昭和20）年6月8日に開かれた御前会議において、最後の戦争指導大綱となった「今後採るべき戦争指導の基本大綱」が決定された。そもそも同大綱の「方針」の陸軍案は、「帝国は戦政一致飽く迄戦争を遂行し以て国体を護持し皇土を保全して民族発展の根基を確保す」となっており、陸軍の徹底抗戦の強硬論を反映したものであった（江藤淳監修『終戦工作の記録（下）』）。

しかし、決定された大綱では、「七生尽忠の信念を源力とし地の利人の和を以て飽く迄戦争を完遂し以て国体を護持し皇土を保衛し征戦目的の達成を期す」とされていた。前半部分は一面、陸軍の意向と帝国議会開会に向けた国内向けの配慮としての側面があったとはいえ、和平派を強く失望させた点は否定できなかった。

他方、「方針」には、妥協策として、「国体を護持し皇土を保衛し征戦目的の達成を期す」との文言が、内閣により挿入されていた。その結果、戦争目的が、これまでの「自存自衛」「大東亜共栄圏の建設」から、「国体護持」と「皇土保衛」に限定されたことは、戦争終結の道程において、二つの点で重要な意味を有していた。

第一に、「国体」と「皇土」、特に前者が護られるならば、戦争目的は達成され、戦争は完遂されたことを意味するとの認識が閣内において認知された点である。鈴木総理は、「このことは非常に含みのあることであって、余としては戦争終末への努力の足がかりが出来たやうに思はれたのである」（『終戦の表情（鈴木貫太郎述）』労働文化社、1946年）と述べている。

実際に立案に当たった内閣書記官長の迫水久常も、「内閣側では、『国体が護持せられ、皇土が保衛されるならばそれで征戦の目的は達成される』のだという意味に解して、終戦に向かう方向を表したものと、解釈していたのであります」と述べていた（迫水久常［述］『終戦の真相』）。

一方、陸軍は戦争目的の限定に合意したものの、そのニュアンスは内閣と異なっていた。例えば、阿南陸軍大臣の側近であった陸軍軍人は、終戦の核心である「国体護持」という大目的を達成するための自主的手段が本土決戦における「一撃必勝」であり、「和戦の鍵は国体が護持されるか否かにある」と記していた（西内雅・岩田正孝『雄誥——大東亜戦争の精神と宮城事件』日本工業新聞社、1982年）。東郷茂徳外務大臣らは、外交交渉によって本土決戦前に「国体護持」の確保を企図したのに対して、陸軍は、本土決戦という「一撃必勝」によってのみそれが可能であると考えていたのである。

ランド研究所のポール・ケスケメティ（Paul Kecskemeti）が1958年に執筆した、戦争終結に関する古典的名著に、*Strategic Surrender : The Politics of Victory and Defeat*（『戦略的降

伏――勝敗の政治学』、California : Stanford University Press, 1958）という本がある。本書は、日独伊を比較しつつ戦争終結の形態を理論的に考察したものであるが、その中でケスケメティは、「たとえ勝者が完全かつ永遠に自由に振る舞えるとしても、敗者は、自己の中核的価値を傷つけられないと感じれば、戦いをやめる決断をする」と指摘しており、日本にとっての中核的価値、すなわち「国体」の護持が、戦争目的として指導者に共有されたことにより、日本の戦争終結に向かっての指針が明確化されたのである。今後は、それをいかなる手段――軍事力か交渉か――によって達成するかが課題であった。

第二に、1943年の大東亜会議において強調された「大東亜共栄圏の建設」という理念が、戦争目的から姿を消したことであり、この点も戦争終結を容易にした。すなわち、理念を戦争目的とした場合、双方の妥協は困難であり、戦争は徹底的に最後まで戦われる傾向が見られるからである。

このような画期的な意義を含んだ大綱が決定された背景には、1945年5月8日にドイツが降伏――それは加えて単独講和という信義上の問題を解決した――さらには、期待されていた沖縄での戦いの劣勢が明らかになるにともない、「一撃講和」ではなく、即時和平を求める機運が高まっていた点がある。

例えば、最近公開された『昭和天皇実録』には、4月30日、東郷外務大臣によるドイツ崩壊後の措置に関する上奏に対して、昭和天皇から、「早期終戦を希望する旨の御言葉あり」との記述が見られる（宮内庁『昭和天皇実録　第九』東京書籍、２０１６年）。

一方、ドイツの戦争は、日本の戦いとは異質の、人種・民族とイデオロギーの存亡を賭けたまさに「絶滅戦争」（Vernichtungs Krieg）であり、その根底には強烈な理念、むしろイデオロギーがあった。したがって、勝利か破滅かの戦いであり、妥協による和平は想定されていなかったのである。

こういったイデオロギーは、戦争末期に、極限的な形で現れることになる。アドルフ・ヒトラー（Adolf Hitler）は、敗北の迫った１９４５年3月、有名な「ネロ指令」を発し、ドイツ領内のあらゆる資産を破壊する焦土戦術をとるにいたるが、その際「戦争が負けとなれば、国民も終りである。……なぜなら国民は弱者であることを証明したからである。未来はもっぱら強者である東の民族のものとなる」と述べていた。すなわち、弱い民族は生きる価値はなく、国家の敗北と運命を共にすべきであると見做され、ヒトラーの殺戮の対象は、最後にはドイツ自身、ドイツの絶滅に向けられたのであった（セバスチャン・ハフナー〈赤羽龍夫訳〉『ヒトラーとは何か』草思社、１９７９年）。

ちなみに、天皇は、8月14日の第2回目の「聖断」に際して、「この上戦争を続けては結局我が邦がまったく焦土となり、万民にこれ以上苦悩を嘗めさせることは私としてじつに忍び難い。……日本がまったく無くなるという結果にくらべて、少しでも種子が残りさえすればさらにまた復興という光明も考えられる」と述べていたのである（下村海南『終戦秘史』大日本雄弁会講談社、1950年）。当時の日独の政治状況・政治指導者の相違を象徴的に物語っていると言えよう。

「僥倖」としての日米の信頼関係

第二に、ポツダム宣言受諾の背景にあった、日米両国におけるいわゆる「穏健派」の存在、及び敵対関係にもかかわらず日米間に存続した「信頼関係」の絆である。

日本では、早い時期から和平を模索する動きが見られた。例えば、近衛文麿元総理大臣は、真珠湾攻撃のまさにその日に、「この戦争は負ける、どうやって負けるかお前はこれから研究しろ、それを研究するのが政治家の務めだ」と側近に語った（『語りつぐ昭和史——激動の半世紀（3）』朝日新聞社、1976年）。さらに、翌1942（昭和17）年1月、近衛は木戸幸一内大臣に、戦争終結の時期を早急に検討すべきであると強調、それを受けて、木戸は、2月5日天皇に拝謁、「大東亜戦は容易に終結せざるべく、結局建設を含む戦争を徹底的に戦ひ抜くのが平和に至る捷径なると共に、一日も早く機会を捉へて平和を招来することが必要」と上奏している。さらに、天皇は、12日東条英機総理大臣に、「戦争の終結につきては機会を失せざる様充分考慮し居ることとは思ふが、人類平和の為にも徒に戦争の長びきて惨害の拡大し行くは好ましからず」と述べていたのである（木戸日記研究会編『木戸幸一関係文書』東京大学出版会、1966年）。

その後戦局が悪化に転じたため、1943年夏頃から、近衛や岡田啓介などの重臣を中心として、様々な勢力が結集、終戦工作を推進していくことになる。米内光政、高木惣吉ら海軍軍人、「皇道派」系の陸軍軍人、外交官の吉田茂などである。こうした動きは先ず、東条内閣打倒運動として本格化、その結果東条内閣の総辞職という政変をもたらすにいたる。

さらに、近年の研究では、一枚岩とされた陸軍の主流内にも、参謀本部戦争指導課を中心に、早期講和を目指す集団が活動していたことが明らかにされている（山本智之『日本陸軍戦争終結過程の研究』）。

ドイツでは、ヒトラー暗殺未遂事件のような散発的な抵抗運動は見られたが、のち首相になるヴィリー・ブラント（Willy Brandt）のように、ナチスに反対する多くの人々が亡命していたこともあり、政治中枢に日本のように破局を回避するために和平を模索する広範なグループや動きは見られなかった。また、ドイツ国防軍内部においても、決定的な敗北を回避しようとする動きは見られなかった。一方アメリカも、ドイツによる部分的・局地的な降伏の申し出を一切拒否、全面的な即時無条件降伏を追求し続けたのであった。

一方、米国ではいわゆる「知日派」が大きな役割を果たした。例えば、次官も務めた国務省のジョセフ・グルー（Joseph C. Grew）は、米国各地で演説を行い、日本には、「穏健派」もしくは「リベラル」が存在しており、軍閥を打倒して彼らを中核として政権を担当させれば、国際協調的な日本を立て直すことが可能であり、天皇は彼らの側にあるとして、天皇制を擁護していた。また、ヘンリー・スティムソン（Henry L. Stimson）陸軍長官は、幣原喜重郎、若槻礼次郎らを、軍閥に対峙し、日本の健全な発展をもたらす進歩的な政治家であると高く評価していたのである。

彼らは、戦争中において政策決定に大きな影響を及ぼし、米国の対日政策を穏健なものへと導いていった。例えば、１９４４年11月に国務省の「戦後計画委員会」で採択された「日本降服の条件」と題するメモには、「日本に残存している民主的穏健的勢力に力を与え、占領軍が日本民主化を助成していく用意のあることを明らかにするであろう」と記されていた。こうした見解は、天皇制の廃止をはじめ苛酷な処置を要求する米国内の強硬論とは大きく趣を異にしており、その背景には、日本国内に存続し続けている「穏健派」と協力、彼らを利用しつつ占領政策を行うことが、米国の国益にとっても好ましいとの判断があった。

さらに、ポツダム宣言の策定にも深く関わり、同宣言の第10項は、「日本国政府ハ日本国国民ノ間ニ於ケル民主主義的傾向ノ復活強化ニ対スル一切ノ障礙ヲ除去スヘシ　言論、宗教及思想ノ自由並ニ基本的人権ノ尊重ハ確立セラルヘシ」と記されていたのである。「民主主義的傾向ノ　復活強化」との文言は、「知日派」の認識を反映したものであった。

外交史家の五百旗頭真は、こうした「知日派」の奮闘を、日本にとって期待し得なかったはずの「敗戦のなかの僥倖」と評していた（五百旗頭真『日米戦争と戦後日本』）。また、ケスケメティは、「米国の政策決定者には、十分事情に通じた聡明な人々がおり、彼らの日本の状況に関する知識が、彼らをして適確なアプローチを想起させたのである。米国の対日降伏政策は、『無条件降伏』崇拝者たちが追求していた最悪の惨害となったであろう事態を避けることができた」と指摘していた。

「知日派」をはじめとする米国内の動向は、日米間に直接の交渉ルートはなかったものの、日本にも適確にもたらされていた。例えば、先の近衛は、1945年2月の天皇に対する有名な上奏において、「英米ノ輿論今日迄ノ所未ダ国体ノ変更ト迄ハ進ミ居ラズ（勿論一部ニハ過激論アリ。又、将来如何ニ変化スルヤハ測断シ難シ）」と述べ、さらに米国は皇室の抹殺を要求してくるであろうという参謀総長の意見をどう思うかとの天皇の下問にも、米国の目標は軍閥の打倒にあって、「グルー及び米国首脳部の考へ方を見るに、其処迄は行かぬ様思」うと答えていた。こういった認識の根拠となったのは、政務局など外務省が収集した情報であった（庄司潤一郎「『近衛上奏文』の再検討――国際情勢分析の観点から」『国際政治』第109号、1995年5月）。

このような日本によるインテリジェンスは、ポツダム宣言の受諾をめぐっても、大きな影響を及ぼしていくことになる。7月26日に出されたポツダム宣言に対して、広島・長崎の原爆投下、ソ連の参戦をへて、8月10日鈴木内閣によって、同宣言受諾に関する緊急電が発電された。そこには、「条件中には天皇の国家統治の大権を変更するの要求を包含し居らざることの了解の下に、帝国政府は右宣言を受諾す」と記されていた。

これに対して米国は、「天皇及日本国政府の国家統治の権限は……連合国最高司令官の制限の下に置かるるものとす」とのバーンズ（J. F. Byrnes）国務長官名の連合国回答（「バーンズ回答」）を発し、12日に日本に届く。その後政府内では、その解釈と対応（受諾、再照会、もしくは戦争継続か）をめぐって意見の対立が生まれた。

近年の研究によって、この微妙な時期において、特にスウェーデンやスイスなど中立国からのインテリジェンスが、「国体護持」をめぐる日米トップ間のコミュニケーションにおいて、重要な役割を果たしたことが明らかにされている。

例えば、ヨーロッパにおけるインテリジェンスを踏まえて作成され、東郷外務大臣に提出された「『ポツダム』三国宣言ニ関スル観察」は、日本の主権が認められ、「無条件降伏」の文言が日本軍について使用されている点、皇室及び国体に言及していない点などから、日本の面子保持に配慮しており、ドイツに対する態度とは大きく異なっていると指摘していた。さらに、8月13日に日本に届いたスウェーデンの岡本季正公使の電報は、米国がソ連などの反対を押し切り天皇制の残置を認めさせたのは「米側の外交的勝利」であるとした現地の報道を受けて、実質的には日本側条件を受け入れたものであると分析していたが、それは天皇や鈴木総理にも伝えられ、影響を及ぼしていた（有馬哲夫『「スイス諜報網」の日米終戦工作――ポツダム宣言はなぜ受けいれられたか』新潮社、2015年）。

また、スウェーデン公使館付武官の小野寺信少将の活動は、国体護持をめぐる和平の動きに大きく寄与するとともに、特にスウェーデン王室との親密な関係は、英国王室にも影響を及ぼし、終戦直前の8月14日には、英国王室から昭和天皇宛に親電が届けられたと言われている（岡部伸『消えたヤルタ密約緊急電――情報士官・小野寺信の孤独な戦い』新潮社、2012年）。

松本俊一外務次官は、「われわれの想像した通り、米国は相当の反対を押し切って、我方の申出に対して、顧みて他をいうことに依り、間接に我方の要求を認めたもの」と見做し、鈴木総理大臣に同電報を渡し、即時受諾を要請した（波多野澄雄『宰相鈴木貫太郎の決断』）。この時期、「バーンズ回答」への対応をめぐっては意見が分かれたため、鈴木総理も動揺しており、こういった情報は、無視し得ない効果を及ぼしたのであった。

いずれにしても、こうした経緯をへて、天皇は、第2回目の「聖断」において、「先方の態度に一抹の不安があるというのも一応はもっともだが、私はそう疑いたくない」と述べたのである（前掲『終戦秘史』）。

さらに天皇は、それに前後すること二度にわたって、米側の回答に強い懸念を示していた阿南陸軍大臣に対して、「阿南心配スルナ、朕ニハ確証ガアル」（8月12日）、「阿南、阿南、お前の気持はよくわかっている。しかし、私には国体を護れる確信がある」（8月14日）と諭していた（軍事史学会編『大本営陸軍部戦争指導班　機密戦争日誌　下』錦正社、1998年。藤田尚徳『侍従長の回想』講談社、1961年）。天皇は、インテリジェンスなどを通じて、それなりの根拠を得ていたことを示している。

加えて、天皇や鈴木総理が、米国に対して一定の信頼感を有しており、それ故に、こうして得られた情報をポジティブに解釈していった点も無視し得ない。鈴木総理は、13日の閣議において、「バーンズ回答」に対して、「再三再四読む中に、米国は悪意で書いたものではない。国情は互にちがう、思想もちがう。実質に於て天皇につき変更するにあらざることを感じ、文句の上につき異議をいうべきでない」と述べていた（前掲『終戦秘史』）。こういった鈴木総理の姿勢は、「結局、米国指導者の国体護持に関する『善意』への信頼を意味」していたのである（前掲『宰相鈴木貫太郎の決断』）。

天皇も、第2回目の「聖断」において、「国体問題についていろいろ疑義があるとのことであるが、私はこの回答文の文意を通じて、先方は相当好意を持っているものと解釈する」と述べていたのであった（前掲『終戦秘史』）。まさに、「鈴木と天皇の判断を深いところで支えたのは、そうした（引用者注：米国と米国人に対する素朴な）信頼感であった」と指摘されたのである（前掲『宰相鈴木貫太郎の決断』）。

日本の米国に対する信頼感を象徴する出来事として、フランクリン・ローズヴェルト（Franklin D. Roosevelt）大統領の死去に対する反応がよく知られている。鈴木総理は、「アメリカ側が今日、優勢であるについては、ルーズヴェルト大統領の指導力が非常に有効であって、それが原因であったことは認めなければならない」としたうえで、「であるから私は、ルーズヴェルト大統領の逝去がアメリカ国民にとって非常なる損失であることがよく理解できる。ここに私の深甚なる弔意を米国民に表明する次第です」と弔意を表明していたのである（一方、大統領の死から８日後のヒトラーの56歳の誕生日には、祝電を送っていない）。

一方、このニュースに接したナチスの首脳部は、戦局の転機が訪れるであろうと歓喜し、ヒトラーは、「運命は歴史上最大の戦争犯罪人ルーズヴェルトをこの地上より葬り去った」との声明を発したと言われている。当時米国に亡命していたドイツ人作家のトーマス・マン（Thomas Mann）は、「日本はいまアメリカと生死を賭けた戦争をしています。……あの東洋の国日本にはいまなお騎士道精神と人間の品位に対する感覚が存する。いまなお死に対する畏敬の念と偉大なるものに対する畏敬の念が存する。これが独日両国の差異である」と記していた（平川祐弘『平和の海と戦いの海――二・二六事件から「人間宣言」まで』新潮社、1983年）。

こうしたエピソードは、当時の日米関係と米独関係の相違を如実に物語っている。米国とナチス政権との間には、日米間に見られたような信頼関係は全く存在しなかったのである。

このように、戦争期にも日米間には、一定の「信頼関係」が存在しており、その点について、外交史家の入江昭は、「一九世紀以来、日米は基本的な姿勢や役割が類似していたからこそ、戦争という極端な敵対関係にもかかわらず、以前の形態に回帰することによって、戦後日米関係への推移が比較的スムーズだった」と、太平洋戦争を論じた著書『日米戦争』（中央公論社、1978年）の結論で指摘している。

本土決戦をめぐる日米のギャップ

第三に、本土決戦、いわゆる「決号作戦」をめぐる日米双方の対照的な軍事的意義である。天皇は、ドイツ敗北前後の1945（昭和20）年春頃から、本土決戦に対して一方ならぬ関心を抱き始めていた。例えば、『昭和天皇実録』には、5月9日梅津美治郎参謀総長は1時間余りに及ぶ上奏ののち、関係指揮官に対して「本土決戦の遂行を容易ならしむべき旨の大陸命が伝宣される」との記述が見られる（前掲『昭和天皇実録　第九』）。

したがって、本土決戦の実状について下問したにもかかわらず、陸軍から要領を得た説明を受けられなかったため、天皇は6月3日と4日に侍従武官を東金、片貝付近の九十九里浜に視察のため派遣するなど、積極的に現状の把握に尽力していた。

6月9日に天皇は、満州の視察から帰朝した梅津参謀総長から上奏を受けた。その内容は、在満支兵力は米国の八個師団分しかなく、弾薬保有量もわずか一回分の会戦しかまかなえないという悲観的なものであった。この報告を受けた天皇は、「夫レデハ内地ノ部隊ハ在満支部隊ヨリ遙カニ装備ガ劣ルカラ、戦ニナラヌノデハナイカ」との所感を抱くにいたり、天皇の終戦に対する焦慮を強める一因となった（伊藤隆編『高木惣吉　日記と情報（下）』みすず書房、2000年）。

さらに、特命の戦力査閲使として国内の要衝に派遣されていた長谷川清海軍大将による天皇に対する報告が、6月12日になされた。内容は、例えば、訓練不足の隊員が乗り込み、自動車の中古エンジンを急造の小型船に装着したものが特攻兵器として使用されるなど、貧弱な兵器、資材の不足、及び隊員の不十分な訓練により、現場は本土決戦を到底戦える状況にはないといったもので、天皇は、愕然とすると同時に、「そうだろう私にもよく解る」と感想を述べていた（佐藤元英・黒沢文貴編『GHQ歴史課陳述録――終戦史資料（下）』原書房、2002年）。

また、その頃東久邇盛厚王からも、海岸の防備のみならず、決戦師団も武器が十分に補給されず、敵の落した爆弾の鉄を利用してシャベルを作る有様であるとの報告を受け、天皇は「これでは戦争は不可能と云ふ事を確認した」のであった（寺崎英成、マリコ・テラサキ・ミラー編著『昭和天皇独白録　寺崎英成・御用掛日記』文藝春秋、1991年）。

その後、6月13日には沖縄の海軍守備隊の玉砕が報告され、天皇は、14日から2日間体調を崩し、表に姿を出すことはなかった。

6月20日、天皇は拝謁した東郷外務大臣に対して、戦争の早期終結を希望する旨の発言をされたが、このとき天皇は、「戦争に就きては最近参謀総長、軍令部総長及長谷川大将の報告に依ると支那及び日本内地の作戦準備が不充分であることが明かとなつたから、……成るべく速に戦争を終結することに取運ぶやう希望する」と述べたと言われる

（東郷茂徳『時代の一面――東郷茂徳手記』原書房、1989年）。

さらに、6月22日天皇の発意によって開催された最高戦争指導会議構成員会議において、天皇は、「戦争の指導に就ては曩《さき》に御前会議に於て決定を見たるところ、他面戦争の終結に就きても此際従来の観念に囚はるゝことなく、速に具体的研究を遂げ、之が実現に努力せむことを望む」と、重ねて早期講和を求めたのであった（木戸幸一〔木戸幸一日記研究会校訂〕『木戸幸一日記　下巻』東京大学出版会、1966年）。

このように、本土決戦に関する一連の報告は天皇に大きな影響を及ぼしたが、これを契機に、天皇は、「一撃講和論」を放棄し、早期和平に転換していった。

一方、陸軍は「一億玉砕」を喧伝しつつ、強気の姿勢のまま本土決戦の実施に固執していた。原爆投下とソ連参戦直後の8月9日に開かれた最高戦争指導会議構成員会議においても、東郷外務大臣の「日本の本土に上陸させせないだけの成算があるのか」との問いに、梅津参謀総長は、「非常にうまく行けば撃退も可能であるが戦争であるからうまく行くと計りは考へられない、結局幾割かの上陸可能を認めなくてはならぬが上陸に際して敵に大損害を与へ得る自信はある」と答えていた（前掲『時代の一面』）。陸軍は、勝利は不可能と認識しつつも、一縷の希望を持ち続けていたのである。

しかし、同日の第1回目の「聖断」に際して天皇は、「本土決戦本土決戦と云ふけれど、一番大事な九十九里浜の防備も出来て居らず、又決戦師団の武装すら不充分にて、之が充実は九月中旬以後となると云ふ。……いつも計画と実行とは伴はない。之でどうして戦争に勝つことが出来るか」と述べ（前掲『木戸幸一日記 下巻』）、ポツダム宣言受諾の理由として、原爆投下やソ連参戦ではなく、不完全な本土決戦準備に言及したのであった。また、「このような状態で本土決戦へ突入したら、どうなるか。わたしは非常に心配である。あるいは、日本民族はみんな死んでしまわなければならなくなるのではなかろうかと思う。そうなったら、どうしてこの日本という国を子孫に伝えることができるか」と付け加えた（迫水久常『大日本帝国最後の四か月』オリエント書房、１９７３年）。ちなみに、『昭和天皇実録』では、「従来勝利獲得の自信ありと聞くも、計画と実行が一致しないこと、防備並びに兵器の不足の現状に鑑みれば、機械力を誇る米英軍に対する勝利の見込みはないことを挙げられる」と記述されている（前掲『昭和天皇実録 第九』）。

関東の防衛に任じていた当時第12方面軍及び東部軍管区司令部の参謀長であった高島辰彦陸軍少将は、この天皇の発言に対して、第12方面軍の「最大の欠陥」を指摘され恐懼したが、「本土決戦は、結局九十九里浜の陣地に象徴される〝砂上の楼閣〟であった」

とのちに回想している（読売新聞社編『昭和史の天皇　3』読売新聞社、1968年）。一方、参謀本部は、本土決戦に備えて現地視察を頻繁に行っているが、その報告は概ね築城、物資、訓練、後方補給などいずれも不十分であるのみならず、決戦の気風にも欠けているというもので、参謀本部も、実際には厳しい現状を認識していたのである。

注目すべきことは、天皇はこの「聖断」において、前述したように、本土決戦準備を例示しつつ陸海軍統帥部の計画と実行が一致していないと軍部に対する不信感を表明したのであった。さらに天皇は、開戦以来陸海軍の行ってきたことをみると、「予定と結果」が大きく違っており、今回の九十九里浜の防備についても、「実は、その後、侍従武官が現地をみてきての話では、（参謀）総長の話とはたいへんちがっていて、防備はほとんどできていないようである」とも言及していた（前掲『大日本帝国最後の四か月』）。

こういった発言は、陸軍首脳部に大きな衝撃を及ぼしていった。川邊虎四郎参謀次長は、「聖断は下されたり　即ち、今後の作戦に御期待なし」に続けて、「畏れながら、御上のお気持は、御前の会議の論争の帰結として、生じたるものにあらざるべし（想像）、要するに今後の作戦に御期待なきなり　換言すれば、軍に対して御信用無之也……累積したる対軍不信感の表現なり　此の不信感が、恐れ多くもお上御一人の大御言葉として直接表現せられたり」と日記に記していた（河邊虎四郎文書研究会編『承詔必謹――陸軍ハ飽マデ御聖断ニ従テ行動ス』国書刊行会、2005年）。また、宮崎周一参謀本部第一部長は、「大凶日、屈辱へ」と手記に付記したのであった（防衛庁防衛研修所戦史室『戦史叢書　大本営陸軍部〈10〉』朝雲新聞社、1975年）。

このように、本土決戦の準備をめぐって初めて明瞭に示された天皇の陸軍に対する不信感は、天皇がポツダム宣言を受諾する一因となり、一方、陸軍、特に参謀本部に戦争を継続することを断念させるのに、軍事的理由以上に大きな効果をもたらした。陸軍は、軍事的敗北は認めつつ、何とか一撃の機会を与えてほしいと主張していたが、こういった望みをも断ち切ったのであった。

ちなみに、『昭和天皇実録』によれば、8月14日、第2回目の「聖断」がなされる直前、天皇は、杉山元、畑俊六両陸軍元帥、永野修身海軍元帥を呼び、所見を求めたところ、畑元帥は、遺憾ながら敵を撃攘し得る確信はなく、ポツダム宣言受諾はやむを得ないとしたが、杉山、永野両元帥は、「国軍はなお余力を有し、志気旺盛につき、抗戦して上陸する米軍を断乎撃攘すべき」と奉答していたのである（前掲『昭和天皇実録　第九』）。

軍部の徹底抗戦論の根深さを示しているが、そうであればこそ、本土決戦の現実とそれにより表面化した天皇と陸軍との懸隔は、原爆投下やソ連の参戦の衝撃と同様に、戦争終結の過程に決定的な影響を及ぼしたと言えよう。

8月12日、天皇は、皇族一同を参内させ、第1回目の「聖断」の理由について、長期戦に伴う国力の疲弊、相次ぐ敗戦、空襲のほかに、「軍部の、本土決戦の勝利は信じ得られぬ状況」を指摘していたのである（東久邇稔彦『東久邇日記——日本激動期の秘録』徳間書店、1968年）。

一方、米国にとって、このように日本側の本土決戦準備の状況は不完全で貧弱であったにもかかわらず、対日本土上陸作戦（「ダウンフォール作戦」）が迫るにつれ、生じ得る人的損害が最大の問題となった。すなわち、膨大な残存兵力と想定された玉砕攻撃は脅威であり、加えて、いずれも投入した米軍の35パーセント前後が死傷したと言われる、硫黄島・沖縄における日本軍の抵抗で苦戦を強いられた体験は大きいものがあったのである。

例えば、1945年6月18日、ハリー・トルーマン（Harry S. Truman）大統領は、本土上陸作戦実施とその人的損害を検討するために、ホワイトハウスに会議を招集した。会議は、特に上陸作戦の死傷者の見積もりをめぐって、見解が分かれた。ウィリアム・リーヒ（William D. Leahy）統合参謀本部議長らは、沖縄戦の死傷率は約35パーセントで、本土上陸に際してもほぼ同様な犠牲が生じると推定し、したがって上陸作戦には積極的ではなく、犠牲を少なくするために、無条件降伏の条件緩和を主張していた。一方、ジョージ・マーシャル（George C. Marshall）陸軍参謀総長は、より楽観的な見通しを有していた。結局会議は、「オリンピック作戦」（九州上陸）を承認し、「コロネット作戦」（関東平野上陸）は当面保留とすることになった。

さらに7月2日、スティムソン陸軍長官がポツダム宣言草案の趣旨について説明するため、トルーマン大統領に提出したメモは、硫黄島や沖縄における死闘に言及しつつ、「ひとたび日本本土への上陸戦と力による占領を開始すれば、おそらく最後の一兵の死に至るまでの抵抗にあう」ため、速やかで経費のかからない目的の達成、すなわち日本に対する条件提示を行うべきであると忠告していたのである（五百旗頭真『米国の日本占領政策――戦後日本の設計図　下』中央公論社、１９８５年）。

このように、本土上陸作戦にともなう死傷者数の見積もりについて、もちろん当時米国政府内では各々の立場によってばらつきは見られたものの、近年の研究では、新たな史料をもとに、多めの死傷者数を推定するものが散見される（マイクル・コート〔麻田貞雄訳」「ヒロシマと歴史家――修正主義の興亡」『同志社法学』第331号、2009年1月)。

例えば、エドワード・ドレー(Edward J. Drea)は、日本軍の暗号解読情報「ウルトラ」によって、米軍は九州南部の日本軍の増強を把握しており、それにともない米軍の死傷者数の推定も急増したため、作戦当局は作戦に懸念を有していたと指摘している。

また、リチャード・フランク(Richard B. Frank)は、九州上陸に際して、米軍の戦死者は、月間で史上最多の記録に達したであろうと主張している。

いずれにしても、米国は、本土決戦を実施した場合の軍事的コストを懸念し、無条件降伏の再検討を迫られたのであり、最終的に、ポツダム宣言の受諾による終戦を迎えることになった。

ケスケメティは、「理論的分析によれば、敗者側の強力な残存兵力は、降伏を促すため敗者に政治的譲歩を行うよう勝者を導くことにより、勝者を実質的に軟化させる効果を生み出す」と論じている。そして、その観点から、日本の場合戦争末期の独伊と異なり、島国としての地勢的メリット、日本軍の残存兵力と旺盛な抗戦意欲をともなった戦闘は、米国にとって重大な脅威と認識され、したがって、降伏の代償として政治的譲歩を得るための取引交渉上の貴重な財産となったと指摘していたのである。

また、軍事史家のジョン・フェリス(John Ferris)は、太平洋の戦場で米軍に多大な犠牲を強いた日本の戦力と戦闘は、「幾つかの政治的目標を達成したのである。日本の敗北は、ある種の勝利であった」と指摘している(ジョン・フェリス「太平洋戦争後期における連合国の戦略」三宅正樹ほか編著『日本と連合国の戦略比較——検証　太平洋戦争とその戦略　3』中央公論新社、2013年)。

一方、こういった費用対効果の軍事的配慮以外にも、第一の敵であったドイツ敗北というヨーロッパにおける戦争終結にともなう米国国内の厭戦気分、本土が戦場となったドイツの酷たらしい惨状に対する反省なども本土上陸作戦の見直しを促していった。

その遺産

一方、このような日本の「終戦」は、特異な戦争終結の形態であっただけに、戦後世界、特に東アジアに大きな「遺産」を残した。それは、東アジアにおける「不完全な」勝利・解放の問題である。すなわち、東アジアにおいて戦争は、昭和天皇の「聖断」という日本による「終戦」により終結した。その結果、太平洋方面では敗北を重ねていたものの、終戦時中国大陸には100万を超える日本軍が展開していた。朝鮮半島の解放

(「光復」)も、日本の「降伏」によってもたらされたのであった。いずれも、自力による軍事的な勝利ではなかったのである。独ソ戦においてベルリンを陥落させたソ連や、米仏を破り独立を達成したベトナムとの大きな違いであろう。

その結果、戦後勝利に基づく正当性を有した政権が生まれず、政権争奪をめぐる国内的な混乱を招くことになった。中国では国共内戦が起こり、最終的に中国共産党が中華人民共和国を樹立したのは、終戦から4年後の1949年であった。朝鮮半島では、1948年に分断国家となり、2年後の1950年には朝鮮戦争が勃発したのである。

さらに、軍事的な勝利と、相手国の占領、そして戦争を通しての「勝者」の台頭と「敗者」の衰退といった目に見える戦争の決着が十分なされなかったのである。こうした側面は、謝罪や戦後補償以上に、心理的な面での和解の妨げになっているとも言われる。

ある中国の軍人は、「中国が自力で日本に勝利したわけではないため、結局は日本を占領することもなく、……中国の領土である琉球を回収することすらできなかった。これは大きな戦争の後遺症である。……中日の歴史上もっとも不幸なことは、どちらも徹底的に勝利していないということだ。それはすっきりしない中日関係が生まれ、徹底的に問題解決ができない原因を招いたのである」と述べている（戴旭〔山岡雅貴訳〕『中国最大の敵・日本を攻撃せよ』徳間書店、２０１０年）。

マーサ・ミノウは、集団的暴力に対する姿勢として、「復讐」と「赦し」という対照的な行為をあげ、「復讐は、惨劇の衡平性を求めるものである」と指摘している（マーサ・ミノウ〔荒木教夫・駒村圭吾訳〕『復讐と赦しのあいだ』信山社、２００３年）。

特に、このような心情は、近代まで伝統的な華夷秩序が存在した東アジアにおいては、より心理的に根深い意味を持ち、現在の歴史認識問題の大きな要因ともなった。中国や韓国など東アジアは、東南アジア諸国が宗主国に抱いた「反帝国主義ナショナリズム」（Anti-imperial nationalism）とは異なり、日本に対して「屈辱に対する憤激」（Outrage at state humiliation）を有しており、さらに戦後日本が自国より経済発展に成功したため、こうした憤りは、現在にまで続いていると指摘されたのである（Anthony Reid, *Imperial Alchemy*, Cambridge University Press, 2010）。

例えば、韓国の日本に対する姿勢は、「単純かつ純然たる辱めであり、……戦争は降伏すれば終わるが、辱めは終わらない」と指摘された（ヨハン・ガルトゥング〔御立英史訳〕『日本人のための平和論』ダイヤモンド社、２０１７年）。

加えて、国際政治学者の高坂正堯は、戦後処理は、勝者の敗者に対する優位のもとに行うことができるが、東アジアの場合、冷戦によりアジアから隔絶したため、戦後処理をする前に、敗者の側が勝者より豊かになってしまい、日本は敗者の諦めと反省を忘れ、勝者の雅量は既になく、「ここに、心理的にたいへん厄介な問題が発生した」と指摘している。そのため、現在になっても、戦争責任に関する議論が絶えないというのである（高坂正堯『高坂正堯外交評論集――日本の進路と歴史の教訓』中央公論社、１９９６年）。

一方、日本人は、米国に対して、その巨大な軍事力によって敗北したという感情や原爆投下に象徴される被害意識はあるものの、アジアに対しては敗北感が見られず、アジアの民族主義に対する無理解や加害意識の希薄化をもたらしたと指摘されている（吉田裕『日本人の戦争観』岩波書店、１９９５年）。

さらに、日本はドイツと異なり、沖縄を除き本土が陸上戦闘の戦場とならなかったため、多くの日本人にとっての戦争体験は空襲や食糧難であり、「日本人は戦争を体験しなかったし、戦後、戦争を直視することを忌避してきた」とも言われている（村上兵衛『国家なき日本――戦争と平和の検証』サイマル出版会、１９９６年）。こういった状況が、冷戦状況の相違、島国といった地政的要因、人類初の原爆投下という特殊事情とともに、ドイツとは異なった戦後日本人特有の戦争・平和観の一因ともなり、「国際的視野を欠いた独善的な空想的平和主義」とも批判された（猪木正道『軍国日本の興亡』中公新書、１９９５年）。ドイツ連邦軍は、カンボジアPKO以降NATO域外にも派遣され、長期間アフガニスタンでも任務に就いており、他の地域も含めて既に１００人を超える犠牲者を生んでいるのである。

日独両国の戦争観を比較した『戦争の記憶』で脚光を浴びたオランダ人ジャーナリストのイアン・ブルマは、他国はもちろん自国さえ守れないという意味で、戦後日本は「ノーマルな国」ではなかったと日本人の戦争・平和観の特殊性を指摘した。そのうえで、そのこととドイツのように過去を自由に討論できるようになれないこととは関連しているとして、戦争観と歴史認識との関係に言及していたのである（イアン・ブルマ〈石井信平訳〉『戦争の記憶——日本人とドイツ人』TBSブリタニカ、１９９４年）。

おわりに——「終戦」の意味

本土決戦が行われていれば、より一層の日米両国の人的犠牲に加え、ドイツのように国土の荒廃が生じ、直接統治を受け、さらに分断国家となっていた可能性も否定できない。しかし、日本は、ドイツに比べ戦争を早期に、すなわち本土決戦以前に終結させることによって、こういった悲劇を回避することができた。戦争の終結を、日本では「終戦」もしくは「敗戦」、戦後ドイツでは「解放」（ナチズムからの解放）もしくは「敗北（崩壊）」と称される所以《ゆえん》であろう。

ちなみに、「解放」と見做す見方は、ドイツのヴァイツゼッカー（Richard von Weizsäcker）大統領が、有名な戦後40周年記念演説で、5月8日をナチズムからの「解放」の日と位置付けたことを契機として、現在では定着するにいたっている。

一方日本にとっては、「敗戦」という軍事的な敗北の状況において、無条件降伏という厳しい条件にもかかわらず、困難と犠牲をともなって達成された、文字通り「終戦」であったと言えよう。ポツダム宣言には、米中英の代表は、「日本国ニ対シ今次ノ戦争ヲ終結スル（to end this war）ノ機会ヲ与フルコトニ意見一致セリ」と記されていたのである。

もちろん、米英ソをはじめ多国間の軍事的にはもちろん、政治的な利害関係が複雑に絡み合ったヨーロッパ戦場におけるドイツの戦いと異なり、日本にとって幸いな面もあった。すなわち、日本の場合、ソ連の参戦はあったものの軍事的にはほぼ米国との戦いに収斂しており、さらに本論で考察してきたように、限定された戦争目的、信頼関係、本土決戦のいずれも、ほぼ日米の二国間に関わるものであり、それは、政治状況が複雑化するのを抑制し、戦争終結を相対的に容易にしたと言えよう。そして、米国には「知日派」（一方、日本には彼らに応える「穏健派」）が存在し、彼ら以外の米国の政策決定者や軍人の間でも、戦争末期の日本軍の激しい抵抗を目の当たりにして、人的なコストを考慮せねばならなかった。「信頼」と合理性のいずれの面からも無条件降伏の方針の修正を迫っていったのである。

さらに、戦争終結の形態は、現在にいたるまで、東アジアにおける歴史認識問題や日本人の戦争・平和観などに大きな影響を及ぼしている。このように、種々の面において、日本の戦争終結は、もちろん軍事的には「敗戦」であったが、まさに文字通りの「終戦」であったとも言えよう。

【参考文献】
江藤淳監修、栗原健・波多野澄雄編『終戦工作の記録（上・下）』講談社文庫、一九八六年
波多野澄雄『宰相鈴木貫太郎の決断――「聖断」と戦後日本』岩波書店、二〇一五年

鈴木多聞『「終戦」の政治史　１９４３―１９４５』東京大学出版会、二〇一一年
鈴木多聞「昭和天皇と日本の『終戦』」北岡伸一編『国際環境の変容と政軍関係』中央公論新社、二〇一三年
五百旗頭真『日米戦争と戦後日本』大阪書籍、一九八九年
山本智之『日本陸軍戦争終結過程の研究』芙蓉書房出版、二〇一〇年

第10章　中国から見た「戦勝」
——日本敗戦に向けての対ソ交渉を中心に

川島真

1．ヤルタ協定と中国

「戦後」構想と中国

一九四二年の半ば以降、第二次世界大戦の戦局は変化し始めた。太平洋ではミッドウェー海戦で日本の機動部隊が打撃を受け、同年末から四三年の初頭にかけて日本軍がガダルカナル島から撤退、欧州ではソ連のドイツへの反撃が本格化した。そして四三年秋にはイタリアのバドリオ政権が連合国に無条件降伏する。このような状況の中で、連合国は次第に「戦後」を構想していった。

一九四一年十二月の真珠湾攻撃に伴う日本の対英米宣戦布告に伴って、日本に宣戦布告して連合国の一員となり、四大国の一員ともなった中華民国が、様々な戦後構想にいかに関わったのか。周知の通り、東アジアについては、一九四三年末にカイロ会談が英米中の首脳により開かれ、カイロ宣言が発せられた。カイロ宣言は、署名のないプレスリリースとも言える文書であったが、のちにポツダム宣言などにも盛り込まれ、戦後の東アジアを考える上で重要な文書となる。特にサンフランシスコ講和会議に招かれなかった中華民国や中華人民共和国にとっては、このカイロ宣言こそが戦後秩序を示す文書となった。この点、サンフランシスコ講和条約やそれに至る対米交渉に戦後秩序を見出そうとする日本と対照をなす。

また、枢軸国と戦っていた連合国は、「戦後」においても、平時の連合国組織を維持すべく、ダンバートン・オークスなどでの会議を重ねた。この国際連合の形成過程にも中華民国は比較的積極的に関与し、最終的にサンフランシスコ会議の呼びかけ国となり、国際連合安全保障理事会の常任理事国の椅子を得ることになった。

しかし、対日戦争において英米がソ連の参戦を求める過程に中華民国は必ずしも関与していないし、ヤルタ会談にも参加していない。中華民国は、「戦後」をめぐる国際政治をめぐる主要アクターではなかったし、あるいはそれ以前も主要アクターではなかったとも言える。だが、中華民国は日本との戦争で最も多くの損害、被害を受けた国だとの認識があり、敗戦国となった日本に対する戦後処理についても、積極的に参与しようとした。では、中華民国にとっての「戦勝」とはどのようなものであったのか。それが本章の考察課題である。特に第二次世界大戦の終結に向けて、英米がソ連の対日参戦を促す中で、中国の地位が一層危うくなる過程を扱う。これは戦後の国共内戦、あるいは東アジアでの冷戦の形成とも連関する問題である。以下、ヤルタ協定から中ソ友好同盟条約の締結に至る過程を蔣介石や重慶政府がいかに捉えていたかということを、「蔣介石日記」や『総統蔣公大事長編初稿』（秦孝儀主編、中正文教基金会）などに基づいて記してみたい。

ヤルタ会談

一九四五年二月初旬、クリミア半島のヤルタで英米ソ首脳会談が行われた（ヤルタ会談）。蔣介石はここに招かれていない。だが、ヤルタ会談で話し合われることの蚊帳の外に置かれていたというのではなかろう。

二月一日の日記に蔣介石は、宋子文外交部長の訪ソ時に提案予定の内容について事前に知らせるようにソ連が言ってきているとした上で、検討事項として以下の数点を挙げている。①ソ連の対日戦争への加入を歓迎する、②中国東北部の鉄道交通と大連の自由港問題、③中ソ経済協力（新疆を含む）、④中ソ新疆国境地帯の共同防衛、犯罪人交換に関する旧条約の履行、⑤外モンゴル問題、⑥相互不可侵、あるいは同盟協定の再締結、⑦朝鮮問題、⑧戦後の対日処理方針。これらのうち⑤⑥⑦について提出すべきか、利害がどうか、慎重に考慮しなければならないとしている。

二月十四日、ヤルタ会談について蔣介石は日記に「黒海の三国会議の宣言について研究する。ソ連だけが利益を得ており、アメリカは虚名を得ているに過ぎず、イギリスに至っては何も得ていない」などと記し、また「反省録」にも「米英ソの三国首脳による黒海会議の宣言が発表されてから、世界の未来の情勢は今回の大戦の前、すなわち第一次世界大戦後の覇を競い合う時代を繰り返す状態に陥った」などと述べた。この段階では極東に関する秘密協定は公開されていなかった。蔣介石は、「解放後のヨーロッパに関するヤルタ宣言」であるとか、国際連合に関する首脳発言部分は承知していたと思われる。国際連合については、一九四五年四月二十五日にサンフランシスコで国連憲章に関する会議が開催されることになっていたが、中華民国もまたその招集国の一つになることになっていた。

二月十八日、蔣介石はヤルタ会談で決まったことのうち、東アジア関連のことについてその詳細をルーズベルト大統領に尋ねたのであった。秘密協定としてのヤルタ協定の情報が蔣介石の耳に入ったのは二月二十一日、モスクワにいる駐ソ大使傅秉常からの電報によってであった。傅大使にこれを伝えたのはモスクワ駐在のアメリカ大使であった。この段階ではまだ情報確認の段階にあったが、「ソ連による東北（満洲）と旅順大連の特権の回復というのは、虚報ではないだろう」とし、「国勢の危うきはここに極まれり。いつこれを救うことができるのだろうか」と述べた。そして、中国国民党政府は中国共産党とともに政府を形成し、その上でソ連との協力を実現するということも含まれているのを知り、だからこそ昨今、中国共産党の重慶への姿勢が「猖獗」であったのか、と納得していた。

「前月反省録」には、ヤルタ会談について「ルーズベルト、チャーチル、スターリンの会議の結果は、すでに第三次世界大戦の原因をつくってしまっている。ルーズベルトは、これを外交上の勝利などと言って宣伝している。本当に馬鹿げたことだ」などとして批判をくわえ、また「ヤルタ会談の後、ソ連の態度はこちらに対してあからさまに接近しようとしている。英米も同様である。これは我々を大いに惑わすものだ。これこそ我が外交上の成敗の鍵になる。全て、これをいかに利用するかにかかっている」とも述べていた。

ヤルタ協定の内容

ヤルタ秘密協定の内容がアメリカ駐在の魏道明大使から伝えられ、それを蔣介石が検討したのは三月十五日であった。「一、満洲の鉄道について、スターリンは国際共同管理を提案してきた。主権は中国に属するという。そこには北満鉄道は含まれていない。ソ連はこれを自らの所有とみなしているということだろう。二、旅順、あるいは大連をソ連からの出口としての不凍港としたいとのこと。ルーズベルトはスターリンに対して、急ぐ必要はないとしながらも、中国に対しては旅順をソ連に長期租借して、その主権を中国に属するようにしてはどうかと主張している。このように、今回の抗戦の理想は、まさに幻夢となった」などと述べた。ヤルタ会談の内容は蔣介石にとってはまさに八年にわたる抗日戦争の辛苦を無にするほどの衝撃だったのだろう。魏道明の電報では、スターリンのあげた点、ルーズベルトのあげた点という形式で述べられているが、モンゴルについてスターリンは現状維持をとなえ、ルーズベルトはモンゴルの主権が中国に属することを確認しようとしていた。このモンゴルの「現状維持」の解釈がのちに問題となる。他方、この段階でもヤルタ協定の全貌を蔣介石が理解していないということにも留意したい。それが明らかになるのは、四月の末のことだった。

四月五日、蔣介石は再びヤルタ協定問題について検討を加えた。「旅順問題については、むしろソ連に軍事占領された方がましだ。租借の名義を用いて、ソ連に租借の権利を決して認めてはならない。これは旅順だけのことではなく、外モンゴルや新疆、そして東三省についても、ソ連が武力占領して撤退しないというのなら、中国はそれに対して不承認、取り決めなどにサインしないという姿勢で応じることになる。弱国が革命を遂行する過程において、実力もなく、また外部からの支援もないのだから、信義と法規を基礎として対応すべきで、断じて相手に法的な根拠を与えてはならない」などと日記に記した。その翌日、蔣介石は、ソ連による日ソ中立条約の破棄の報に接した。

四月二十九日、蔣介石はハーレー大使と会談し、ここで大使はヤルタ会談でのルーズベルトとスターリンとの会議の内容を明らかにしたのだった。そこでは、スターリンは、(一)樺太南部と千島をソ連の領土とすること。(二)朝鮮の独立。(三)旅順港はソ連に租借すること。(四)大連港は自由港とすること。(五)中東鉄道と南満洲鉄道の株式は、中ソで折半し、ソ連が双方の鉄道に対して特殊権益を有すること。(六)外モンゴルの現状は変わらないこと、などと述べたという事実が紹介された。蔣介石は、スターリンが旅順と南満洲鉄道、中東鉄道などについての、日露戦争以前の特権を求めているが、これについては魏道明大使の前の報告の中にあった中米ソ三国の共同管理というところにも見られなかったことだ。数ヶ月以来の疑念が、ここでようやく明確になった。ただ、その内容全体については、未だつまびらかになったわけではない、などと述べていた。だ他方で蔣介石は、この満洲をめぐる問題で中米間に溝ができることも懸念していた。だからこそ蔣介石は満洲問題へのアメリカの関与を求め、南満洲への米軍の駐留やアメリカによる港湾の共同利用などを想定したが、芳しい結果は得られなかった。

六月三日夕方、蔣介石は黄山にてペドロフソ連大使と会見し、東三省や旅順・大連のこと、また満洲の鉄道について、中国としては主権面で譲歩する気がないことを明確に述べ、また翌四日朝の食事もソ連大使と共にして、念を押して重慶に戻ったのであった。これは中ソ友好同盟条約に向けての本格的な交渉の起点でもあった。六月十二日にもペドロフ大使と蔣介石の会談があり、不平等条約改正をほぼ成し遂げた中国にとって、不平等条約の象徴とも言える「租借地」という語を再び用いることがどれほど大きな問題であるかということを、蔣介石が説く一幕もあった。抗日戦争勝利が目前に迫る中で、蔣介石はソ連との交渉に苦しめられることになったのであり、それは同時に国内での共産党勢力の台頭を意味していた。

中国共産党の台頭

中国共産党は日本に対しては宣伝戦、ゲリラ戦を行いつつ、解放区を維持、拡大していた。国民政府とは時に協力、時に非協力的であったが、抗日戦争を全国一致で遂行するという建前を崩してはいなかった。

その共産党にとって、アメリカ、イギリスが第二次世界大戦の終結に向けて対日戦争においてもソ連の力を求め始めたことは、自らの地位向上に絶好の機会となった。中国共産党は、ソ連に対して自らの中国での立場を有利にする条件を提示しつつ、それをソ連からアメリカへの要求として伝えてもらい、それがアメリカから国民政府に伝えられた。他方、中国国内では中国共産党が国民党に対して強気な姿勢をとるようになり、国民党と共産党との関係は悪化した。無論、蔣介石はこうした構図を認識しており、事態を苦々しく見ていた。中国共産党は、例えば「解放後のヨーロッパに関するヤルタ宣言」において「民主」が強調されると、中国でも「民主」を重視すべきとし、共産党を、中国を代表する国民党と並び立つ存在とするように訴えた。

一九四五年三月二十六日、国際連合形成に向けてのサンフランシスコ会議に派遣する中国代表団に国民党以外の「党外人士」を含めることを決定し、蔣介石からルーズベルトに電報が打たれた。これはアメリカ側の要求でもあった。代表は十人とされていたが、最終的に、六人が国民参政会参政員、共産党などの「反対党」から三名、無党派から三名とされた。共産党員としてリスト入りしたのは董必武だった。蔣介石は日記の「上星期反省録」に、「ルーズベルトが我々の代表団に共産党（「共匪」）を加えるように求めてきた。その言葉はおおらかだが、自分の心に対してさらにもう一度圧迫を加えるようなものだ。ルーズベルトは、共産党を利用することに対する夢想をまだ捨てきれないでいるようだ」などと記している。

四月二十四日、ルーズベルト大統領からトルーマン大統領に代わっても留任していたハーレー大使が重慶に戻り、蔣介石に面会した。その時、蔣介石はいくつかの質問をハーレー大使におこなった。ハーレー大使は、スターリンが中国共産党を真正の共産党とは認識していないことや、ソ連が中国共産党を援助したことがないこと、ソ連が独立した自由民主統一の中国を望んでいること、などについて説明している。蔣介石は中国の在外大使や、諸国の駐華大使から説明を受けていたが、これは書簡（電報）での伝達や報告などはあったものの、直接スターリンやトルーマン大統領と意見交換する機会がなかなか得られないでいた、ということも意味していた。

2. 中ソ友好同盟条約締結交渉

一九四五年六月十五日、アメリカのハーレー駐華大使はトルーマン大統領のメモランダムを蔣介石に渡した。「これを見たときの悲憤は、止むところを知らないほどだった」と日記には記されている。また、これでもまだヤルタ密約の全文ではなかったものの、「しかし、これだけでも我が中華民族を『万劫不復』の境地に追いやるもの」だとしていた。だが、国権回収に努めてきた蔣介石だけに優先順位をつけた対策を講じていた。

六月下旬の「上星期反省録」には、「対ソ交渉の方針についての研究を終え、決心が固まった。まず鉄道交渉は比較的緩やかに行うが、旅順の租借については必ず拒否し、共同使用の達成を期する。こうすることで行政主権を失わないという方針だ」などと記されている。

六月二十四日の日記には興味深いことが記されている。対ソ交渉の要点として、「甲：遼東半島租借地の（空間的）範囲を回復させてはならない。乙：ただ行政権さえ失わなければ、技術人員をソ連から招いても構わない。丙：中共の問題については、彼らが軍政権を中央に戻せば、彼らが政府に参加することを認めるが、さもなくば反乱軍と見なし、あらゆる側面で支援したりしない、ということを明確に伝える。丁：新疆問題についても、伊寧、伊犁を必ず回復し、ソ連は再び反乱側と武器のやり取りをしない。そうすれば、新疆の経済についてはソ連と全面的に協力できる、ということをソ連側に伝える。戊：東北の鉄道によるソ連兵の輸送について、中途で下車することを認めない。己：帝政ロシア時代に締結された、すでに時期の過ぎた条約（それも失効している）とその精神を排除しなければならない。また、一九二四年の北京新約、協商新約に基づく。庚：外モンゴルについては、高度の自治を与え、中国の宗主権の下で自治政府を設ける。その権限は、ソ連憲法で定められた各ソビエトと同じである」とされていた。興味深いのは、蔣介石が中華民国北京政府の締結した一九二四年条約を基準の一つとするとしている点だ。当時はカラハン宣言を文字通りに信じていた孫文らが批判した北京政府の条約だったが、ここで蔣介石はそれに基づく対ソ連関係を想定していたのである。実際、北京政府は旧ロシアの在華利権の回収を目指して条約を結んだ。蔣はその姿勢、精神に共感したのかもしれない。

六月二十六日、月末までには宋子文がモスクワに交渉に赴くというタイミングで、蔣介石は対ソ交渉について従来の方針に修正を加えつつまとめ上げた。まず、旅順軍港についいては、「一、ソ連の対日参戦後の軍事上の便宜という観点から、旅順軍港についてソ連が共同使用することを中国は認める。ただし、主権と行政権は中国に属さねばならない。軍港の技術と管理の方法については別途定める。その軍港の範囲は旧軍港の範囲とし、付属地を有してはならない。かつては遼東半島の金州や復州などが（租借地に）含まれていたが、これを含めてはならない」などとした。これまでのソ連側とのやりとりを踏まえたものである。大連港については、自由港とすることを望むとしていた。

鉄道については、「中東鉄道と大連・旅順に至る南満洲鉄道については、ソ連と共同の会社を組織することを中国は認める。資金と株式については別途定める」とし、また

「ソ連が戦時において、中東鉄道と南満洲鉄道の双方において、満洲里からハルビンを経由してウラジオストク、または旅順・大連に移送される軍隊は、中途で停留してはならない。また、この二つの鉄道は鉄道業務以外、附属地およびいわゆる鉱山採掘の特権を有さない。この二つの鉄道のすべての主権と土地は皆中国に属し、会社の営業年限、中国への返還期限などについては明確に定める」。中東鉄道と南満洲鉄道についての共同経営に蔣介石は条件をつけつつも同意していた。

中露、中ソ関係の経緯については、「四、民国十三年（一九二四年）以前、中国と帝政ロシアとの間に締結された東三省に関わる一切の条約は、ソ連の宣言によって一律に排除された。また、一九二四年に北京で締結された新条約の精神に則って新条約を締結する」とある。

外モンゴルについては、「中国はそれを自治領とすることを認める。中国の宗主権の下で自治政府を成立させ、その権限はソ連憲法上で規定された各ソビエトの権限と同様とする。すなわち、軍事と外交の自主権を与える」としたのだった。

新疆については、経済面でのソ連との協力は受け入れつつ、「新疆各民族の待遇問題については、自らが解決を求める」とした。蔣は、この地域の民族問題が国境を跨いでいると認識していた。「新疆西北部で叛乱が相次いで生じていることについては、その地域がソ連と接していること、またソ連国境の内部にも関わりのある民族がいることから、かつての協定に基づいて、中ソ国境周辺の匪徒については中ソが共同で平定し、取り決めを結んで、双方で相手の叛徒を受け入れないことにし、また彼らに武器弾薬を売らないこととする。伊寧、伊犁、アルタイ（阿山）地域はすでに叛乱側に占領されているので、中国が回収しなければならず、そうしてこそ中ソ国境の交通と両国の国境地帯の安全が実現できる」とした。

これらの内容は、旅順について租借地という名称を使わないこと以外は、比較的柔軟にソ連からの要請に応じようとしているように見える。だが、中国共産党をめぐる問題では、ソ連がその共産党を支援しているわけではないとされてはいたものの、蔣介石は強い要求を提示しようとしていた。「中国は国家の統一を求めるがゆえに、全国の軍令、政令は徹底的に統一しなければならない。武力を有する政党である共産党が、その政党という名義を借りて、その軍事力を持つ勢力が割拠する状態を維持し、国家の統一と抗戦の勝利を妨げている。ソ連は、中国の統一を希望する見地から、現在もなお武力を以て割拠し中国の統一を妨げている中国共産党に対して、あらゆる国際世論の面でも、政治的な面でも、また物質的な面でも支持を与えず、方法を講じて中共側に武力を国民政府に戻し、統一の指揮下に入るように勧告することを願う。このことは抗日戦争に有利となる」などとし、ソ連に対して共産党を支援しないように求めた。無論、アメリカなどの要請も入れて、中国の民主憲政の実現を蔣介石は約束するが、その際にも中国共産党が軍事力を中央に戻し、また軍令、政令も政府と一致させたならば、中国共産党も他の政党と同じ待遇で迎える、としていたのだった。そして、中国政府は連合政府へと改組はできないが、中国共産党が軍令、政令を中央に統一すれば、中共党員にも部長、会長、委員などのポストを用意するとしていた。

戦争との関連では、「ソ連軍は、対日戦争の終結後、日本が降伏して条約にサインした日から起算して、三ヶ月から半年以内に東三省から撤退を終えることにする」ということや、ソ連が対日参戦したら、中ソ両国で連合参謀団を組織し、共同に作戦計画を練ること、また中国から参謀団を派遣してソ連軍司令部における連絡役とすることなども提案していた。これは国民党、国民政府の側からソ連を通じて中国共産党を帰順させる試みでもあった。

宋子文の訪ソ

このように一九四五年六月の蔣介石は、国際連合形成に向けてのサンフランシスコ会議の招集国となり、また国連安保理常任理事国の椅子が約束されるという成果を得つつも、同時に未だ完全に内容を把握できているかどうかわからないヤルタ秘密協定の内容を見据えつつ、これから参戦するソ連との交渉に臨んでいた。

六月末、最終的な交渉のために宋子文がモスクワに赴いた。スターリンとの第一回会談は六月三十日に持たれた。モロトフ外相やペドロフ大使らも同席していた。中国側は傅秉常大使、胡世澤外交部次長等が同席した。これは表敬訪問で、実質的な会議は七月二日に持たれた。この時には蔣経国も同席した。宋子文は、「談話は三時間半に及んだ」とし、また「今日の談話では、東三省については比較的満足できたが、外モンゴルについては厳しい局面に陥った」と説明している。スターリンは、「外モンゴルの人民は中国政府の統治を願っておらず、独立を希望している。故に、中国には外モンゴルの現状を承認することを願う。ソ連は外モンゴルを併呑しないし、中国には外モンゴルの離脱を認めて欲しい」などとした。スターリン、あるいはソ連側がしばしば述べていた、外モンゴルについては「現状を維持する」ということの内容、特に「現状維持」の内容はスターリンにとってこのような意味だったのである。宋子文は、スターリンが外モンゴルを中国領だと認めたことを指摘すると、スターリンは「その通り」、つまり外モンゴルは中国領だと認めた上で、次のように述べたとされる。「（外モンゴルは中国領だが）ソ連は自らの国防の関係で、止むを得ず外モンゴルに駐兵」している。だが、これはもし日本が外モンゴルから西シベリアを攻めるようなことがあればソ連の危機となりうるからであり、ソ連の領土を保障するためにも、「外モンゴルが独立し、ソ連と同盟を締結することを期待する」としたのだった。これに対して宋子文は、外モンゴルが中国領である以上、外モンゴルのことを交渉することはできないこと、また中国はあらゆる領土を失うことはできないといった原則を提起して反論した。スターリンは、外モンゴルのことが認められなければどのような取り決めも結べないと、ソ連側がこの問題を重要視していることを示しつつ、交換条件を持ち出した。それは「旅順については租借という方式を用いない」ということだった。この日はここで外モンゴル問題の議論は終わった。

また満洲については、前述のように旅順について「租借」という語を用いず、鉄道は幹線に限定し、平時は軍隊を輸送せず、大連は中ソ共同管理とする、などとスターリンは述べた。そして、「旅順軍港は中ソ共同管理として四十年から四十五年、鉄道は双方で共同管理にして利益を共に分け合い、期限としては四十五年」としてはどうかとも述べた。宋子文はいずれも二十年期限とすべきなどとして反論したが、スターリンは大連を自由港とすれば利益が上がるなどとし議論となった。

そして国共関係について、スターリンはそれを中国の国内問題だとしながらも、政府は共産党であれ、「前進分子（思想的に進んだ人々）」は受け入れていくべきだ、などとした。スターリンは国民党の主導性には理解を示しており、その上で共産党を受け入れるべきだとしていたのである。

これらについて報告した上で、宋子文は特に特権の期限などについての指示を蔣介石に求めたのだった。

七月五日、蔣介石はこの宋子文からの報告について検討している。特にスターリンが外モンゴル独立の主張を堅持し、それが受け入れられなければ協定成立は難しいとしていた点について、蔣介石はスターリンの決意は固く、高度の自治とか駐兵権などでは妥協しないだろうとした上で、もしその要求を受け入れなければ、満洲や新疆で中国の行政権を保つことは一層困難になり、共産党問題の解決はいっそう困難になる、とした。その上で、「東北と新疆、さらに全国統一との交換として、外モンゴルについては戦後の投票によってその独立問題を扱うことを認めることを決心した」とした。無論、蔣介石はここで言われている外モンゴルの独立が「真の独立」を意味しているのではない、ということも理解していた。

七月六日、蔣介石は前日の「決心」を踏まえた電報をモスクワの宋子文に打った。ここでは、外モンゴル独立問題についてスターリンに譲歩する代わりに、中国の統一、および東北や新疆における主権、行政権を確実なものとする、という考え方に基づいた提案がなされた。具体的には、東三省については、「甲、旅順軍港の行政管理権は中国が主管し、ソ連と共同使用し、共同管理とはしない。乙、大連を自由港とする。各国の自由港における行政管理権は皆領土主権国が主管している。丙、幹線鉄道についてソ連と共同経営はするが決して共同管理にはしない。ただし、ソ連は中国に物資や経費を租借することにより、鉄道の株式経費を支払う」などとした。満洲の利権などについては共同管理と共同経営を切り分けることによって、行政権を維持しようとしたのである。

新疆については伊犁や叛乱地域を完全に回復することや、中ソ国境地域での相互協力と共に、アルタイを新疆に含めることなど、およそ従来の方針を確認しようとした。中国共産党問題については、軍令、政令を中央に統一すること、また政党については国家の法令を遵守しさえすれば、議会が成立して政府が改組されても政党を行政の中に位置付けてよいが、決して連合政府と名乗ってはならない、とした。これも基本的に従来通りの方針である。

中国の統一がこういった程度で認められるのなら、「政府として三民主義の原則に則って、自ら外モンゴル問題を提出し、外モンゴル人民の投票方式によって解決する。もしその投票の結果、外モンゴルが独立ということになれば、政府は国会にこれを提案し、国会でそれが正式に通過した後、政府としては正式にその独立を認める。ただし、それは抗戦勝利の後のこと」だとした。蔣介石としては、ソ連に対する約束事であり、秘密協定などは一切締結できないとし、またこのことは最低の希望であり、中国としては犠牲を払っての決断だとしている。そして、これらの統一の保証が認められないなら、中国の犠牲は無意味になるので、交渉を停止する、との方針を示したのだった。

七月七日、盧溝橋事件の八周年に当たる日、蔣介石は対ソ交渉の要点を宋子文に伝えた。ここで蔣介石は、外モンゴルの独立を認めるという「最大の犠牲」を払っても成果が得られなければ中ソ両国間関係に禍根を残すとして、その犠牲を払う理由を改めて説明した。そこでは再び東三省の領土主権や行政主権を完全に得ることや、ソ連が共産党や新疆の叛乱を支持しないようにさせることが「交換条件」だと明確に述べられ、また交渉にあたっては中国の要求が具体的で、ソ連の返答が抽象的であったらそれが最大の失敗だとして、あくまでも中国側の具体的な要求に、ソ連から具体的な返答を得るように促した。そして、交渉を中断する条件についても、ソ連が中国側の具体的な要求に具体的に応じなかった時、またソ連が具体的な交渉をしても、中国側の要求を受け入れなかった場合、などとした。そして外モンゴルの範囲についても中国側の地図を標準とし、ソ連のそれを用いないことを指示した。例えば、アルタイ山脈は中国側の地図では中国領であるが、ソ連の地図では外モンゴルになっていることを事例としてあげている。

その七日、モスクワの宋子文から、スターリンとの第三回会談の模様が届けられた。そこでは、スターリンと宋子文との間で外モンゴル問題をめぐって応酬があり、その独立を主張するスターリンと、あくまでも中国領だとする宋子文との意見が対立していた。スターリンはソ連軍を外モンゴルに駐留させることを前提としており、もしそこが中国領ならば、中国領内に軍隊を進出させることになり、両国関係の障害になると説明した。他方、宋子文はそもそもヤルタ協定では外モンゴルの独立が明確に述べられていたわけではないのではないか、と疑義を呈した。だが、ヤルタ協定第一条にある、「外モンゴルの現状維持」の解釈が問題であり、ソ連はこれを外モンゴルの人々が中国の統治下にあることに不満を有していることなどとして理解していたのに対して、中国側はアメリカなどにも確認し、中国が外モンゴルに対して宗主権を有しているということを指すと考えていた。だがスターリンはこの中国側の解釈を受け入れようとはしなかったのである。

この電報を打ったあと、宋子文は蔣介石からの交渉方針を受け取ったようである。だが、宋子文はその指示を受け入れはせず自らの見解を蔣介石に開陳した。その電報は翌八日に蔣介石の手許に到着したようである。まず旅順港について、「(甲)旅順軍港を全て中国が管理するというのは、ソ連は絶対に認めようとしないだろう。だからこそ、現実的にはソ連が管理して中ソで共同使用し、民事行政権については全て中国に属する」とするのはどうか、という提案をした。これは管理権を中国、使用権を中ソ、という蔣介石の方針への反論でもあった。

大連についても同様に中国が管理権を持つことは無理だとし、中東鉄道、南満洲鉄道については、「ソ連に対して何かしらの立場について要求するのは必ずしも必要ないようだ」とし、「権利を均分にすればよく、董事長と総経理は中国人、副董事長と協理はソ連人を充当する」として、それが無理なら「中東鉄道の董事長を中国人、総経理をソ連人、南満洲鉄道の董事長を中国人とする」などとしてはどうか、との見解を披瀝し、それをスターリンに示していいかと蔣介石の指示を仰いだ。蔣介石は、旅順軍港については「名義上」中国が主管しながらも、「ソ連海軍が利用する重要な部分やその技術人員はソ連が管理し、民事、行政権は完全に中国に属すること」、また「大連は必ず純粋な自由港でなければならない」こと、「南満洲鉄道の管理権は中国側が掌握することが重要だ」などとし、それ以外は宋子文の提案で構わないとした。これは事実上、宋子文の提案を受け入れなかったものだともいえる。

中ソ友好同盟条約締結

七月九日、蔣介石は宋子文に対して戦争終結後の外モンゴルの独立の方式について指示した。宋子文はもともと、スターリンが口頭での独立承認を受け入れず、書面での保証を求めてくるだろう、としていたのだった。蔣介石は、「中ソ共同で宣言を発表してはならない」としながらも、やむを得ない場合にはとして、「中ソ相互協定の批准後に中国政府が自ら宣言を発表する」という方法を提起した。これは、中国から独立を「宣言」するものであり、独立を「承認」するものではない、という考え方に基づいていた。また、大西洋憲章と国民革命の民族主義の原則に基づく判断だというものでもあった。他方、ソ連については、中国政府がこの宣言を発表してから、ソ連から中国政府に外モンゴルの独立が承認されたことを照会し、ソ連から外モンゴルの独立を永遠に尊重すると返答させる、という方針を蔣介石は提示した。

また同日、宋子文がスターリンとの第四回の会談の模様について報告した。それによれば、スターリンも、戦争終結後に外モンゴルの人民が投票によってその独立を決めることに反対しないと中国政府が宣言するという手法に対して、満足した、とのことであった。そして、東三省問題についてはソ連側も譲歩し、旅順港はソ連の単独管理としつつも、行政権は中国のものとし、さらにその空間も旧軍港の範囲とするなど一定の譲歩を示した。ただし、三十年を期限とし、ソ連がウラジオストクより北に軍港を完成させたら、すべて中国に返還するという点、特に三十年期限という点については譲歩しないとした。新疆についても、武器の売却禁止などについて合意があり、また中国共産党についても中国が政令と軍令の統一を求めることは至極当然とし、ソ連として今後中国に武器や物資を援助するならば、全て中央政府のみを対象として、共産党には供与しないとした。宋子文は、スターリンが真摯に中国側の要請を受け入れ、多くの面で譲歩を示したとし、「目下、大問題はすでにおよそ解決した」との見解を示したのだった。

七月十日、宋子文は東三省の諸案件についてソ連側の提案を蔣介石に伝えた。第一に、旅順港・大連について、まず旅順港はソ連側が管理し、中ソが使用するとした。また、大連は自由港とするものの、その内湾の一つをソ連海軍に使用させる。そして、地域の安全のためにソ連は陸海軍を駐留させる権限を有すること。さらに大連市政府を中ソ両政府から五人派遣して組織し、市長はソ連人、副市長を中国人とし、大連港の主管人もまたソ連人とすべきだということ。なお期限は四十年とされた。

鉄道については、ソ連政府が中東鉄道および長春から大連・旅順の南満洲鉄道において得ていた権益を回復することを中国政府が認めること、ソ連政府は中国政府が管理、経営の権を有することを認め、中ソ連合公司を組織するなどとされ、期限も四十年とされた。

蔣介石はこのソ連から提示された条件を一八九六年の露清密約よりも苛酷だとし、対抗する気であった。

七月十一日、蔣介石は再び宋子文に指示を与える。外モンゴル問題についてはすでに決着がついていたが、問題となった旅順・大連、そして鉄道問題については次のように指示した。旅順港は、中ソ共同使用としつつも、純粋に軍用部分だけの管理権をソ連に委ね、行政権は中国に属すること、また軍港の共同使用について中ソ両国の軍事委員会を組織すること、などとした。大連については、純粋な自由港とし、行政権は必ず中国に属し、倉庫や運輸などについては商業の方式に基づいて処理すること。中東鉄道と南満洲鉄道については、その所有権は完全に中国に属すが、中ソが共同経営を行い、その鉄道警察権は絶対に中国に属すること。なお、この同盟の期限を三十年とすること、などであった。

この他、条約締結の後に、ソ連が東北部の領土主権と行政権を保障することを宣言することなど、交渉上の注意点を挙げている。七月中旬、スターリンがベルリン（ポツダム）に赴いたこともあり、幾つかの論点を残したまま、宋子文、蔣経国らが重慶に戻り、七月十七日に蔣介石と会い報告を行った。二日後の十九日、重慶に戻っていたソ連のペドロフ大使と蔣介石が会談した。ここで蔣介石は中ソ交渉に関する自らの考え方を披瀝している。まず蔣介石は、宋子文が訪ソする以前には外モンゴル問題が提起されるとは想定していなかったと述べたが、ペドロフ大使は交渉前に蔣介石と会談した際に話題にしたと伝えた。蔣介石が、それは外モンゴルの現状をめぐる問題だったはずだと応酬すると、ペドロフ大使は「外モンゴルの現状維持こそが、独立国家となることだ」とした。蔣介石は無論これに反論し、「現状の保持とはすなわち目下の状況である中国が宗主権を有しているということであって、絶対に独立のことではない」とし、もし外モンゴルが独立するなら中国の払う犠牲は極めて大きい。しかし、それでも中ソ関係を重視して、中国としてはこの大きな犠牲を払うことにして、その代わりに東北の領土主権と行政権、また中国共産党問題、新疆の叛乱問題の解決についてソ連の協力を得たい、と述べたのだった。

この他の問題についても双方は意見交換した上で、蔣介石は今日のやり取りの内容をトルーマン大統領にも伝えるとした。

七月二十六日、ポツダム宣言が発せられると日本の降伏が秒読み段階に入る。七月二十七日の日記には中国もまた軍隊を派遣して日本占領に加わることも検討していることが記されている。ソ連との交渉は八月五日に宋子文や王世杰、蔣経国らが訪ソして再開された。蔣介石は、八月七日に東北にある各種の工業資産や機器などもみな中国の所有とすること、それを日本の賠償に充当することをソ連に認めさせるように指示を出している。

八月八日の宋子文からの報告では次のような論点が提示された。第一に、旅順の境界はスターリンが前回提示した境界が用いられ、その境界内の民政人員は中国側が任用し、ソ連側の利益も考慮するが、旅順軍港の共同使用方法についてはソ連側が軍事委員会を設定するという点に関し、引き続き検討することとされた。第二に、旅順港百キロ以内の島嶼問題は、ソ連側がそれを放棄し、港湾に近接する島嶼に対して別途討議すること。第三に、大連市についてはソ連側から中国人が市の董事会を管理するという案を出してきたが、中国側はそれを認めず争論となった。第四に、中東鉄道の董事長や局長をめぐる問題は中国側の提案が受け入れられた。第五に、外モンゴルの境界については、継続審議となった。この他に、東北の日本人資産、工場などを中国への賠償に充当することも、スターリンからの理解は得られたものの、継続審議となった。

八月九日、ソ連軍が満洲に侵攻した。蔣介石は、第二次世界大戦後、ソ連の中国に対する侵略行為、また中共および国民政府に対する転覆工作の新起点になるだろう、とみなした。

八月十日、日本の無条件降伏が明らかになった。十一日、連合国により、日本の降伏を受け入れる中国戦区の空間が、中華民国、台湾、北緯十六度以北のベトナムとされた。ただ、東北部はソ連により接収されることになったのである。

モスクワ時間の八月十日夜、宋子文らも日本の降伏の報に接してはいたが、夜九時からスターリンと二時間半にわたって議論を行った。第一に、大連市問題についてはスターリンが譲歩し、市の施政権を全て中国に帰属させ、中ソ混合董事会を設けず、ただソ連人一人を任命して港湾業務を管理させること。第二に、旅順港周辺の島嶼問題については、ソ連側がその要求を放棄すること。この二点ではソ連側の譲歩が見られたが、そのほかの論点では譲歩は決して多く見られなかった。第三に、旅順に中ソ軍事委員会を設けることについて、ソ連は受け入れられないこと。第四に、外モンゴルの辺境問題について、ソ連は中国側の提出した地図を受け入れず、交換公文において境界の説明を加えること。第五に、中東鉄道、南満洲鉄道においては、ソ連側はなおも双方において局長をソ連側から、副局長を中国側から出し、董事長は中国側が担当するという線を崩さなかった。第六に、終戦後三ヶ月以内での東北からの撤兵関連、新疆の内政への不干渉、東三省の主権尊重、ソ連の対中援助は中央政府だけに行うことなどについては、ソ連側は既に同意していた。

すなわち、この段階での大きな問題は三点、つまり外モンゴルの境界線、鉄道の局長ポスト、また旅順の中ソ軍事委員会問題であり、宋子文らは蔣介石の指示を求めたのだった。

蔣介石は八月十二日に宋子文らに打電し、外モンゴルの境界問題や旅順問題で厳正な態度をソ連側に示すように求めた。そこでは、第一に外モンゴルの境界線については、ここで明確にしないと将来に揉め事の種を残すとして、その明確化を求めた。第二に、旅順については、中ソ共同使用については合意しているのだから、事実上であれ、名義上であれ、中ソ軍事委員会で共同管理に当たることが重要で、さもなくば日本の租借地時代と同じことになるとした。蔣介石は、この二点を中国が国家として成り立っていく上での最低条件だとし、これがなければ国民革命の原則に反することになるとも述べた。また、蔣介石は別途電報を打って、人事問題などについて補足した。

八月十三日、モスクワから陸続と報告が届く中で、交渉をこれ以上遅延させることは意想外の結果を招く可能性があるとして、最後は現場に全権委任することが想定され始めた。ソ連側は、鉄道の局長人事問題、旅順の中ソ合同軍事委員会問題において譲歩する姿勢を示さず、また大連市の行政についても中国側に委ねることはできないとしていた。そして、明日のうちに蔣介石からの指示がなければ、ソ連側とサインするとの判断がモスクワの宋子文らから示された。宋子文らからの第二報では、外モンゴルの境界問題では蔣介石の指示通りにはできないこと、ソ連側があたかも争いの種を残そうとしているようにも見えることなどを伝えた上で、それでも中ソ条約は締結しなければならないとして、現場への全権委任を求めた。また、王世杰も外モンゴルの境界問題の談判の経緯について説明し、ソ連側が譲歩しない様子を蔣介石に伝えた。

そして中ソ友好同盟条約が締結されることになった。ソ連が最終的に譲歩できないという点はほとんどがそのまま条文に残された。また、蔣介石が使用しないように拘泥した「租借地」という言葉は用いられなかったものの、民族自決と三民主義の民族主義の理念に基づいて、という論理の下ではあったものの、外モンゴルの独立を許すことになり、またその引き換えに得ようと考えた、東北や満洲の完全なる主権、行政権の獲得もまた全うされなかった。共産党への支援については抑制されたように見えたが、実際には共産党への支援はなされたし、撤退期限についても三ヶ月という約束は守られなかった。

なお、一般的に、中ソ友好同盟条約は十四日に締結されたとされるが、蔣介石は八月十五日の項にそれを記している。他の史料を確認しても、中ソ友好同盟条約は、その書面の日付は八月十四日でも、八月十五日の未明に締結されたと見ることができる。

中華民国の抗日勝利とソ連

一九四五年八月十五日の午前七時より前に、蔣介石は呉国楨からの電話で日本が正式に降伏したことを知っていた。ポツダム宣言を受諾するとの書信を受けたことを、連合国は午前七時に同時に発表することになっていた。ただ、それよりも前、朝六時に中ソ友好同盟条約が締結されたはずだが、日記によればモスクワにいる宋子文から連絡がなく、蔣介石はラジオでそれを聞いただけで、最後は夜の八時になってその内容を知ったという。

日本の降伏についての正式通知は八月十四日になされたが、その十四日には「(ポツダム宣言への) 日本軍からの返答がまだ到着しない」と日記に記している。だが、日記の「先週の反省録」には、「八月十四日、日本は正式に無条件降伏を受け入れると宣言したが、中ソ友好同盟条約も同じ時間に締結された」とし、「この日こそ、国家の基盤の奠定の日であり、また革命勝利の日」であるとしている。しかし、「対ソ交渉の紛糾と困難さもまた極まっている」とし、ソ連への警戒心をあらわにしている。

八月十七日、蔣介石は日記に外モンゴルにソ連軍が進軍していると記している。それ以降、ソ連は張家口に進軍したり、また新疆で空爆を行ったりして軍隊を南下させたが、同時に条約を具体化する様々な交渉が行われた。八月二十三日、ソ連軍が満洲の全体を占拠し、続いて朝鮮北部の清津、羅南、元山などの都市を占拠した。これらのうち、特に満洲の占領地域は中国共産党に供されていくことになる。中国共産党は、ソ連の支援を受けつつ、各地で日本軍の武器を接収し勢力を拡充していった。

九月八日、蔣介石は日記に、「張家口、山海関、秦皇島が皆ソ連に占領された後、共産党に譲られた。このような情勢はソ連が中ソ友好同盟条約を破り、共産党を掩護し、中国を侵略し、混乱させることを決心したことを示す」などと記し、ソ連が中国を敵とみなしているのだから、中国としてはそれに備えねばならず、「東三省と新疆の軍の配備と運輸について、急ぎ策定しなければならない。そうして万が一に備える」などとしている。

九月九日、南京にて中国戦区の日本による降伏儀式が行われた。九月二日に連合国への降伏がなされたことを踏まえたものだった。だが、ここまで述べてきたように、抗日戦争の勝利は新たな国家建設の始まりを意味するものではなく、むしろ中国の国土の北半分へと軍隊を進駐させつつあったソ連との新たな対峙、国内的にはそのソ連に庇護された中国共産党との対峙の始まりを意味するものであった。この後、憲政実施がなされるが、それ以降の政治情勢も、また国共内戦もこうしたソ連の南下と共産党の勢力の拡大を背景として生じていくことになるのだった。

蔣介石は、ソ連が中ソ友好同盟条約の内容を履行しないことを以て、外モンゴルの独立承認を撤回していくことになるが、中国共産党政権はむしろこの条約の内容を受け入れて、外モンゴルの独立を承認する。また、中国はこの条約を通じて東北部や新疆を中国の主権下にある領土として明確にすることができた。そして、中ソ友好同盟条約の内容には多くの「不平等性」があるが、近代不平等条約の象徴の一つである「租借地」という言葉を使わないという成果は得ることができた。そうした意味では、一九四三年に治外法権撤廃に成功し、また国際連合の安保理常任理事国の一員となった中国としての体面は維持したということでもある。この点は、外モンゴルの独立を三民主義の民族主義として位置付けたように、国民革命としての外交の成果だともされていたのである。

【参考文献】
家近亮子『蔣介石の外交戦略と日中戦争』岩波書店、二〇一二年
宇野重昭「（シリーズ）戦争終結の条件　日中戦争の終結と中国——中国共産党外交の発端」（『国際政治』四十五号、一九七二年）
河原地英武・平野達志訳著、家近亮子・川島真・岩谷将監修『日中戦争と中ソ関係——1937年ソ連外交文書　邦訳・解題・解説』東京大学出版会、二〇一八年
田淵陽子「1945年『モンゴル独立問題』をめぐるモンゴル人民共和国と中華民国——中ソ友好同盟条約から独立公民投票へ」（『現代中国研究』十一号、二〇〇二年九月）
田村幸策「ヤルタ協定と中国の命運　全満州をソ連に与えたヤルタ協定　中国大陸共産化の決定的要因対日戦争参加はソ連の執念」（『國士舘大學政經論叢』二十四号、一九七六年六月）
唐啓華著、平田康治訳「一九二〇年代の中露／中ソ関係」川島真他編『岩波講座　東アジア近現代通史 第4巻』（岩波書店、二〇一一年所収）参照。
波多野澄雄・久保亨・中村元哉編著『日中終戦と戦後アジアへの展望』慶應義塾大学出版会、二〇一七年
松村史紀「中ソ友好同盟条約とソ連——同盟の設計と利権問題」（『国際研究論叢』二十四巻二号、二〇一一年一月）

Ⅳ　総力戦の遺産

第11章　サンフランシスコ講和体制の形成と賠償問題

波多野澄雄

はじめに

「大東亜戦争」を法的に終結させ、戦争に起因する諸問題を解決して「公的和解」を実現させたのは、一九五一年九月に調印されたサンフランシスコ講和条約（以下、講和条約）である。日本と連合国四八カ国の間で署名され、翌五二年四月に発効する。

しかし、この講和条約には、日本と戦争状態にあったすべての連合国が調印・批准したわけではなかった。ソ連、中国、さらに多くのアジア諸国との公的和解は遅れることになった。アジアに及んだ冷戦は、当時の西側諸国のみとの、いわゆる「多数講和」（単独講和）の選択を余儀なくさせたのである。

多数講和の選択は、講和条約と同時に締結された日米安保条約も講和体制に組み込むことになった。講和条約を導いた吉田茂は、何よりも早期講和による「名誉ある国際的地位」の確立を優先目標としたが、講和条約と日米安保条約とは「一体不可分の関係」であったと語るように、安全保障の確保は主権回復の前提と把握されていた。

また、講和条約が五二年三月にアメリカ上院で批准されたとき、同時に三つの条約も批准されている。日米安全保障条約、米比相互防衛条約、そしてANZUS条約（アメリカ、ニュージーランド、オーストラリア三国間の相互援助条約）である。これら三条約は、いずれも国内に米軍の駐留を認めたもので、相互に連携してアジア太平洋地域における西側諸国の安全確保を図ることが期待されたが、日米安保条約はその中核的な位置を占めていた。

講和条約は、主権国家の存立にとって最も重要な安全保障をアメリカに託すという「選択」によって成立したが、その選択は、とりもなおさず、アメリカが「非武装日本」の安全に最終的に責任を持つことを意味した。それは、アジア太平洋の不確定要素を減少させる一方、日本の侵略をこうむった戦前の苦い記憶から「日本に対する安全保障」を求める近隣諸国を満足させ、かつ「日本の安全保障」をも一挙に解決する策であり、ここに日米の安全保障関係が形成される構造が存在した。

ところで、二〇世紀の国際社会における講和（平和条約の締結）とは、勝者と敗者とが戦争に起因する諸問題を解決し、戦争状態を終結させ、安定した関係を取り戻すための「戦後処理」の枠組みである。しかし、冷戦下に形成された講和条約は、過去の清算より、日米関係の緊密化と安全保障問題を優先したがために、講和の本来の目的である領土や賠償という戦後処理の問題は不十分な決着に終わり、やがて日本は難しい対応を迫られることになる。

その第一は、日本の周辺諸国であるソ連、中国、韓国といった国々が講和会議に不参加であったため、北方領土、尖閣諸島、竹島という今に続く領土・領域の問題が残ったことである。

第二は、戦争賠償という問題が個別の二国間交渉に委ねられたことである。未だ国家建設の途上にあった東南アジア諸国との賠償交渉は難航した。

第三は、日韓国交正常化交渉が難航したように、帝国の解体にともなう植民地支配の清算(補償・賠償)という問題への対処が難しかったことである。なぜなら、講和条約は、あくまで国家間の戦争の後始末のための基盤であり、植民地支配の清算を目的としていなかったからである。

本章では、第二と第三の問題を、「賠償」に関連する問題として取り上げる。いずれも「経済協力」方式によって決着するが、それはアジアの自由主義諸国に対する共産主義の浸透を経済基盤の強化によって防ぐというアメリカの冷戦戦略に沿うものであった。

しかし、賠償をめぐる国際外交は、二国間外交や冷戦の論理のみによって左右されていたわけではない。国際政治経済システム全体の均衡回復、地域秩序の安定、さらに納税者への配慮といった視点も重視された。対日戦後処理問題の中心は賠償にあり、そのあり方は変化していくが、それは必ずしも冷戦の展開と軌を一にしていたわけではなかったのである。

ポーレー賠償計画

アメリカの対日賠償方針は、大戦中の一九四三年後半から国務省内で検討が始まっていたが、その重点は、日本が海外に保有する公私の資産の接収、日本に残された生産能力を荒廃したアジア諸国の復興のために活用することにあった。

日本に降伏を勧告した一九四五年七月のポツダム宣言（第一一項）では、「日本国はその経済を支持し、かつ公正なる実物賠償の取り立てを可能ならしむるが如き産業を維持することを許さるべし」と規定され、賠償支払いが可能な程度の経済は維持されることになった。また、賠償の方法は金銭ではなく、日本本土における生産財や公私の海外資産の接収、すなわち「実物賠償」とされた。

ポツダム宣言の発表に伴い、立案中であった対日基本政策は、直接統治方式から間接統治方式を前提としたものに改定されるが、賠償に関する原則は変更されていない。四五年九月の「降伏後のアメリカの初期の対日方針」や同年一一月のマッカーサーに対する「初期の基本的指令」などでは、①日本産業の非軍事化、②日本人の最低生活水準を保証しうる平和的日本経済の維持、③公私の日本財産を関係連合国の決定にしたがい引き渡す（在外財産の没収）、④平和的日本経済の維持に必要でない資本設備、生産財の引き渡し、という原則を定めている。

賠償の具体案の作成は、米英ソ三国賠償委員会（ヤルタ会談によってモスクワに設置）の米国代表として対独賠償問題を手がけていたエドウィン・ポーレーに託された。ポーレーは、四五年一二月初旬、対日賠償計画の具体的構想を明らかにした。（1）賠償の目的は、軍国主義的復活の阻止、日本経済の安定と民主主義の発展、（2）航空機、鉄鋼、工作機械、造船などの生産設備を賠償として撤去し、可能なものは被害を受けたアジア諸国に移転して復興に役立てる、（3）在外資産の没収、などであった。

ポーレー賠償計画は四六年五月には極東委員会において「中間賠償計画」として採択され、連合国全体の政策決定となる。同年八月までに、各産業部門の五〇〇を超える工場が賠償指定を受け、日本側はそれらの工場の解体と積み出しの義務を負うことになった。四六年一一月に公表されたポーレー最終報告は、中間賠償計画より一段と高い撤去水準が示される。この最終報告の特徴は、新規の生産物による賠償が含まれないことであった。賠償のために新規生産を容認すれば、軍需産業の再興につながる工業力の増加を認めることになるからであった。

賠償方式として重視されたのは在外財産の没収であり、ポーレーは、来日するとただちに満洲、中国での日本資産の調査に乗り出している。とくに終戦直前に満洲に侵入したソ連軍は、日本人経営の各種工場を中心に、生産設備や最新機械類を大規模に撤去し、自国領内に搬入した。

極東委員会において、ソ連は撤去した施設について、これを「戦利品」とみなして賠償撤去の枠外とすることを主張した。一方、アメリカは、戦利品と在外財産の没収とを区別せず、賠償に含めるべきとして対立し、賠償設備の国別配分問題が行き詰まったが、当面、賠償用として指定された産業施設の一定割合を賠償の前渡しとして取り立てることになった。極東委員会は、指定された産業施設の三〇%を四カ国に割り当てた。中国一五%、オランダ、フィリピン、イギリス各五%などであった。

四八年一月には、中国船が工作機械類を積んで横須賀から上海に向け出航した。これが賠償搬出の最初であった。

マッコイ声明の波紋

こうしてポーレー中間賠償計画は実施に移されたものの、その効果を疑問視する声がアメリカ政府内でも強かった。たとえば、総司令部のジョージ・アチソン大使は、早くも四七年三月に、多額の費用をかけて撤去・運搬することが「経済的に得る所ありや、自分の観るところでは寧ろ利益は殆どないと思われる」と述べるほどであった(四七年三月一二日朝海・アチソン大使会談)。同年一月に来日したストライク調査団の勧告は、ポーレー案より賠償撤去を三分の二に縮小していた。

賠償緩和論は一九四八年に入ると決定的となる。同年三月に来日した国務省政策企画室長ジョージ・ケナンはマッカーサーや総司令部要人と会談し、賠償用の施設は日本の経済復興のために活用すべきであり、中間賠償の限度を超える取り立ては行わないことに意見が一致した。同じ時期のジョンストン調査団の報告書も、賠償撤去の大幅な緩和を強く主張していた。

ケナンによれば、産業施設の撤去によるアジア諸国への移転という賠償方法は、実際的見地からも、日本の復興という要請からも、まったく背馳していた。賠償軽減を主張するケナンの主張は極東委員会や陸軍省との調整を必要としたが、最終的には中間賠償撤去の中止を含む国家安全保障会議決定（ＮＳＣ一三／三）となる。その趣旨が同じ四九年五月に、極東委員会米国代表マッコイの声明として公表される。

マッコイ声明は、中間賠償の中止について、これ以上の賠償撤去は日本経済の安定と自立化という占領目的を阻害すること、在外資産の没収と中間賠償によって「賠償支払い義務の大部分をすでに履行したことになる」と、その理由を述べていた。

こうして中間賠償は中止されるが、それは必ずしも冷戦が与えた直接的影響ではなかった。総司令部賠償部長ハリソンは、四七年夏に「賠償が長びき日本経済の立ち直りが遅れれば、遅れるほどアメリカの納税者の負担になる」と述べていたが（四七年七月一五日、芦田均外相・ハリソン会談）、その非効率に対する納税者や議会への配慮から、すばやく方針転換を図ったものであった。また、将来にわたる「非軍事化」という意味では新憲法そのものが保障していた。

しかし、太平洋戦争において最大の被害国の一つであったフィリピンは、マッコイ声明に対して二度にわたって抗議声明を発出し、賠償取り立て中止の不当性を訴えた。フィリピンは、一一一万人余の犠牲者を出し、日本軍による抗日ゲリラの弾圧や四五年二月のマニラ市街戦に伴う住民虐殺・残虐行為は際立っていた。中華民国政府も撤去中止は「被侵略国に対して不公正」であり、受け入れ難いと反発した。

その一方、マッコイ声明は日本では歓迎された。民主自由党の政調会長であった佐藤栄作は「日本経済の再建に対し非常に明るい見通しを得た」とする談話を発表し、社会党も「日本経済の復興と民族の独立のため喜ぶべき朗報」と歓迎した（『朝日新聞』四九年五月一四日付）。これを国際的な信義の問題として憂慮する議論は少数にとどまった。

極東委員会での討議も中止され、賠償問題は消え去ったかのように思われた。しかし、賠償問題は片付いたわけではなかった。講和条約において賠償問題をどのように位置づけるか、という課題はこれからであった。

初期の講和構想と在外財産問題

終戦直後に連合国側で想定された対日講和とは、日本の再侵略の芽を摘むことを主要な目的とした峻厳なものであった。例えば、米国務省極東局が一九四七年夏の段階で作成していた講和草案は、日本軍国主義の復活阻止を最大の眼目とし、経済活動の制限や厳しい賠償義務、戦争犯罪人の処罰、軍隊の保有禁止などの規定が並んでいた。戦時の「米英ソ協調」を前提とした規定が並ぶ懲罰的な講和構想であった。

同じ時期に、英連邦キャンベラ会議において議論された対日講和も、軍事産業の禁止や工業能力の制限など日本の経済力を一定水準に抑える方針が有力であった。賠償取り立てや日本監視のための機構案も極東局案と同様であった。

一九四七年段階の米英の早期講和の構想は、関係国による共同討議という次のステップに至るはずであったが、まもなく頓挫する。講和方式をめぐって、アメリカは極東委員会構成国による多数決方式を主張し、ソ連は四国外相会議における全会一致方式を主張して対立したからである。冷戦は早くも早期講和を妨げたのであるが、この段階で講和条約が成立していたとすれば、その内容は「ヴェルサイユ条約型」ならずとも、第二次世界大戦後のイタリア平和条約に近い苛酷なものとなったことであろう。そのイタリア平和条約は四七年二月に辛うじて米ソを含む全交戦連合国との間で成立したものであった。

一方、日本側の講和研究は、外務省において四五年末から密かに始まっていた。連合国の講和構想に関する情報は少なかったものの、その内容は、カイロ宣言やポツダム宣言などに照らせば難しいことではなかった。苛酷な賠償、領土の制限、軍国主義の復活阻止、経済活動の制限措置、条約履行のための監視機構の設置など、四七年段階の米英案と軌を一にする講和が想定された。

とくに賠償に関しては、前述のように、ポツダム宣言やポーレー報告によって、その苛酷な賠償義務は明らかであり、外務省の講和研究にもその趣旨が反映されていた。とくに懸念されたのは、日本の在外資産が公私を問わず賠償の対象と想定されていることであった。四六年五月段階の研究でも、少なくとも「個人財産については相当寛大なる措置を要望」するものとされていた。

実際、四六年に入ると、引揚者団体連合会を中心に、海外私有財産の「正当な補償」を求める運動が活発に展開されていた。引揚者の依拠した法的根拠は日本国憲法第二九条とともに、ハーグ陸戦条約第四六条が掲げる「私有財産尊重原則」であった。海外の私有財産を賠償や補償の源泉とする場合は、当事国が補償する主旨を講和条約で規定することが国際慣例であった。実際、ヴェルサイユ条約やイタリア平和条約は、敗戦国の私有財産について、制限的ながら原所有者の権利を認めていた。

海外の私有財産の没収について、たとえば上海には、終戦当時、日本の在華総資産の九割にあたる一八億ドルを超える日本資産が存在したとされる。「侵略と搾取」を受けてきた中国にとっては、日本の在華資産や居留民の個人財産を没収することは当然の権利であった。しかし、上海に暮らす民間人からすれば、何代にもわたって苦労して築いた私有財産を失うことは耐え難いことであった。

たとえば、内山書店を創業した内山完造は、大陸で一流の書店に発展させようと中国の「新文化運動」を支援してきたが、敗戦後、家具や書籍のすべてを没収されてしまったという悲劇に、「侵略戦争」の結果として自らを納得させるほかはなかったと書いている（小沢正元『内山完造伝』）。日本人居留民のなかには、資産の保全のため残留を希望する者も多く、中国政府に帰化を申請した日本人は七五〇〇名にも上ったとされる。

講和構想と賠償問題

米英間で対日講和の問題が本格的に議論されるのは、一九四九年秋からであったが、この間、初期の懲罰的な講和構想は米ソ冷戦の進展で変化していく。アメリカの世界政策の基本がソ連共産主義の浸透と拡散の防止におかれ、その地域的拠点としてヨーロッパではドイツ、アジアでは日本が期待されるようになる。前述のケナンの報告のように、占領軍による性急な改革路線は、長期的な観点から共産主義の浸透力に対抗できる日本の経済的・社会的体質の強化へと転換し、苛酷な賠償を柱とする講和構想も「寛大な講和」へと向かう。

朝鮮戦争の勃発は「寛大な講和」を決定的なものとし、一九五〇年秋、アメリカの講和特使ダレスは、極東委員会諸国との交渉に備え、「対日講和七原則」（一一月公表）を作成した。この七原則は、①安全保障に関する日米協定の必要性、②全ての連合国は、各国がその領土内で戦争中に押収した日本資産以外は、賠償請求権（claims）を放棄する原則を示し、日本を西側陣営の一員として定着させるという観点を明確に打ち出していた。

とくに②の賠償請求権の放棄方針は、中間賠償の中止を公表した四九年のマッコイ声明の延長に、アメリカの講和構想が位置づけられたことになる。

ダレスは、七原則をもって関係諸国の説得にあたるが、賠償の放棄方針には多くの国が批判的であった。しかし、まず、中華民国政府が、賠償請求権の放棄は、「本望ではないが、たとえ反対しても実益は得られず、日本に対する寛大な措置をとるという精神にもそぐわない」として同意し、イギリスやオランダ、フランスなど主要連合国は賠償請求権の放棄へと向かう。

最も難航したのが、マッコイ声明に強く反発していたフィリピンであった。五一年二月、ダレスとの会談では、キリーノ大統領は、戦時中、国民が被った「恐るべき苦難」を述べ、八〇億ドルにのぼる賠償の一部を日本に支払わせることが絶対必要と強調した。ダレスは、キリーノの道義的正当性を認めつつ、第一次大戦後のドイツ賠償問題の例をひき、実質的な賠償取り立ては実効性がなく、日本経済は対外赤字の状態を抜け出せず、アジアにおける共産主義の防止という観点からも賠償取り立ては賢明でない、と説得に努めた。しかし、フィリピンは最後まで納得せず、アメリカは、被害を受けた国に一定の賠償請求権を認めざるを得なくなる。

英連邦諸国は総じて、七原則が日本の再軍備制限を含まぬことに不満であり、とくにニュージーランドやオーストラリアは共同歩調をとり、日本の脅威に対し、安全保障に関する取決め——アンザス（ANZUS）——を講和の副産物としてアメリカから引き出した。

ソ連は、賠償よりも米軍の日本駐留に大きな関心があり、講和条約案と安保条約とは不即不離の関係にあるとみなし、七原則は、日本を米軍事ブロックに引き入れることを目的としている、として受け入れなかった。

一方、日本政府は「寛大な講和」への変化を歓迎していたが、懸念されたのは、やはり在外財産の処分にあった。

五一年一月の吉田・ダレス会談を通じて、撤去された施設以上には取り立てを行わないことに加え二点について強く要望した（「わが方見解」一九五一年一月三〇日）。

その一つは、生産物や金銭による賠償は応じ難いことであった。生産物賠償は、その製造に要する原料輸入のため、復興に寄与しない外貨支払いが増加、取立生産物の買上げが右原料輸入のための経費とともに物の裏付けのない財政支出を増加し、インフレを招く危険があった。また、金銭賠償は、現金の取り立てが、すでに支払い超過となっている国際収支をさらに悪化させ、財政の均衡を困難にすることが懸念された。

もう一つは、日本の在外私有財産について、財産の所有者に対する補償の問題は、日本政府の裁量に一任することであった。日本政府は、連合国によって処分された私有財産の所有者に対して、政府による補償義務が講和条約に規定されるものと予想していた

（「対日平和条約の経済的意義について」一九五〇年五月三一日）。初代の条約局長を務めた萩原徹は、「連合国は自国内にある日本人の財産を接収して処分して、その代金を賠償として取るのである。そして後から日本政府に、その財産の所有者に対して補償させる」という処理を想定していた（『講和と日本』読売新聞社、一九五〇年）。

しかし、財産の所有者に対して政府が補償することは、その額の大きさや他の民間人戦争被害者との均衡という観点からして、事実上、困難と考えられた。そこで日本政府は、四九年後半から私有財産の処分について、日本の裁量に委ねることをアメリカに再三、要望していた。

結局、講和条約には、生産物賠償ではなく役務賠償が明記され、在外私有財産についても一般的規定は置かれず、第四条によって、その処理は日本と現地当局との「特別取極」に委ねることになる。

講和条約における賠償の特徴

講和条約には「賠償」の項目（第一四条）がおかれ、日本は希望する国との個別交渉によって「賠償を支払うべきことが承認される」と規定された。前述のように、とくに戦争の最大の被害国の一つであったフィリピンが無賠償方針に激しく抵抗したためであった。

この第一四条は、それまでの戦争賠償の観念とは異なるいくつかの特徴があった。その一つは、日本の支払い能力を考慮して賠償額を決定する原則を掲げ、賠償実施の基礎が、求償国の一方的な要求によるのではなく、日本の貿易や産業への影響が考慮され、毎年度の賠償実施計画の決定は求償国と日本との「協議」によって定めるものとされたことである。

もう一つは、第一四条では日本人の役務を提供し、その労務の報酬をもって賠償に充てるという「役務賠償」方式に一本化されたことである。原材料から製造が必要とされる場合には、外国為替上の負担を日本に課さないために、当該連合国が原材料を供給しなければならない、とする規定もおかれた。

役務賠償に一本化された理由は、外貨をもって賠償を支払うという、第一次大戦後のドイツに課せられた金銭賠償方式が、ドイツの輸出力の欠如（＝外貨を生みだす輸出物品の不足）によって機能しなくなり、やがて世界経済の均衡を破綻させたという教訓によっている。役務の提供であれば、直接外貨を引き渡す必要がなく、日本の国際収支の悪化がトランスファー問題（外貨引き渡し問題）を引き起こし、支払い困難に陥る危険を回避できた。

しかし、役務の提供だけで多額の賠償を長期間支払うのは現実的ではなかった。したがって、個別協定では、役務の比率を減じて、生産財による実物賠償に重点が置かれるようになる。例えば、ビルマやインドネシアとの賠償協定では生産財による実物賠償を認めている。フィリピンとは資本財による実物賠償のほか、両国政府の合意で消費財による賠償も認めた。

ただ、純然たる金銭賠償はあくまで認められなかった。巨額の金銭賠償を柱とする第一次大戦後のドイツ賠償が、支払い能力や経済事情が考慮されず、ドイツ経済を破綻させ、ひいてはナチス台頭の一因となったという経験を踏まえたものではあるが、米国主導の講和条約であったからこそ可能な措置であった。

「戦後処理外交」という意味では、独立が確定した講和条約調印以降、本格化する。冷戦を背景に対日平和条約を受け入れなかった社会主義諸国や、賠償請求権を放棄しなかった東南アジア諸国との間で二国間交渉による国交正常化や賠償問題の解決が必要となったからである。

東南アジア賠償交渉の展開

第一四条に従って日本に賠償を請求したのはフィリピンとベトナムであった。賠償額や手順が示されなかったことから、ビルマは講和会議に参加せず、署名したインドネシアも結局、批准しなかった。両国はそれぞれ個別に平和条約と賠償協定を締結する。ラオス、カンボジアは講和条約の当事国であったが請求権を放棄した。結局、東南アジア諸国のなかで日本が賠償交渉に臨む相手は、フィリピン、ベトナム、ビルマ、インドネシアの四カ国であった。四カ国との賠償交渉はそれぞれ難航したが、ビルマとの間には五四年、フィリピンとの間には五六年、インドネシアとは五八年に、最後にベトナムとの間には五九年にそれぞれ賠償協定が締結されている。最初のビルマは、インドネシアとフィリピンとの均衡という観点から再交渉となり、六三年に経済技術協力協定が結ばれている。

東南アジア賠償問題は、支払い金額の多寡の二国間問題に収まらない複雑さと広がりをもっていた。

たとえば、最初のビルマ賠償の決着は、必然的にインドネシアやフィリピンに波及し、ひいては、北京政府との賠償問題にも影響を与えかねない、という連鎖が想定された。また、日本国内の問題としても、ガリオア・エロア資金など対米債務の返済が優先されるなか、限られた財源をいかに振り向けるか、という問題とも深く関連していた。

ところで、以上の四カ国はいずれも戦時日本の統治下にあり、請求権を放棄した旧宗主国に代わって賠償交渉に臨んだのであるが、国家間の戦争状態の存在を前提とする賠償という観点からすれば、賠償額の算定基準は、各国の国内事情や政権の性格に大きく左右され不透明なものであった。フィリピンとビルマは、たしかに領域内で激戦が繰り広げられ、住民の被害が甚大であったが、戦闘がほとんどなかったベトナムとインドネシアの場合は、事情は大いに異なっていた。

たとえばインドネシアの場合、当初、日本政府は、インドネシアと戦争状態にあったわけではなく、交戦国でもなかったとの理由で賠償支払いを躊躇していた。ところが、インドネシア側は、南方作戦の兵站基地としての役割を重視し、物資や労働力の調達による損害、住民の精神的被害などを広く取り上げ、賠償の要求額は大きく膨らんでいった。対して日本はその抑制に躍起になるという応酬が続いた。

五二年、米国務省のアリソン北東アジア局長の仲介などで、中間賠償協定案と津島・

ジュアンダ交換公文が仮調印された。平和条約の趣旨、賠償額は支払い能力によって決められ、存立可能な経済を維持する範囲で、外国為替上の負担を避けるため支払いは役務に限定するという講和条約の趣旨をインドネシア側は承認した。

しかし、インドネシア政情の不安定は収まらず、しかもスカルノ政権が「反植民地主義」をかかげて西側との関係を冷却化させたため、賠償交渉は進展しなかった。しかし、日本政府は五〇年代後半から一貫して、西側諸国としては唯一、スカルノ支援の姿勢を崩さなかったことが、五八年の平和条約と賠償協定の締結の重要な意味をもった。賠償額は総額二億二三〇〇万ドル（八〇三億円）と、当初の要求額一七五億ドルに比べ大きな減額であったが、インドネシアにとって経済的効果よりも、政治的な効果が重要だった。

ベトナムの場合、賠償の金額以上に難しい問題は南北の分裂であった。日本政府は、多数の国が正統政府と認めている南ベトナムを相手とし、さらにベトナム全土を対象とした合意を追求した。しかし、東側陣営からは、南はアメリカの「傀儡政権」にすぎず、インドシナ休戦に関するジュネーブ協定（一九五四年）でも南北統一をうたっているのに、南だけに肩入れするのは対立の固定化とみなされた。実際、北ベトナム政府は衆参両院議長に宛て書簡を送り、南ベトナムを相手とする賠償交渉に抗議を申し入れている。

問題は、南北統一の場合や北が南を併合した場合、南ベトナムとの協定で解決済みとする日本に対抗し、新たな交渉が必要となることが想定されたことであった。そうした事態にはいたらなかったが、南を相手に全ベトナムに対する賠償が解決済みとすれば、日華平和条約における賠償放棄は全中国に及ぶことが懸念された。中華民国政府の賠償請求が中国本土に及ぶかは曖昧だったのである。

フィリピンは、前述のように、賠償請求権の放棄方針に最も抵抗した国であり、講和会議におけるロムロ代表の演説も「フィリピン人が敵対感情を捨て去るには一世代を要する」と述べたほどであった。代表団は、賠償に関する日本のコミットメントを得なければ、議会や国民世論に対して講和の樹立を説得することは難しかった。結局、フィリピンは講和条約に調印したものの、与野党が拮抗するなかで、「賠償なければ批准なし」という国内の声に押され、その後五年間、批准はできなかった。

五六年七月、フィリピンはようやく賠償協定と対日平和条約を批准したが、交渉を進展させたのは、国益損失の原因となっているのが賠償問題の未解決である、という認識が深まったからであった。しかし、上院における反対論はなおも強かった。賛成論の多くは、現実主義的な国益論のほか、民主日本に隣国として友好親善関係が期待できるというものであった。その裏には、フィリピン人の大多数を占めるキリスト教徒としての赦しと寛大さをもって臨めば、日本人に悔い改めの機会を与えることができる、という心性が大きく作用したとも言われる。

ところで、独立まもないインドは、非同盟の立場から中ソが不参加の「多数講和」は、アジアの平和と安定に不安があることを理由に講和会議には参加しなかった。しかし、講和会議直後から対日交渉に応じ、五二年六月に日印平和条約に調印している。日印平和条約で賠償請求権を放棄するとともに、国内の日本人財産の回復と返還にも応じている。他の請求権放棄国も国内の日本財産の返還までは応じていないことから、五二年六月の同条約の批准国会でも称賛の声があがった。

東南アジア諸国の場合、賠償交渉全般について「日本が与えた損害というものが、各国についていくらか、資料がほとんどない」というのが実情であった（一九五八年四月一日、参議院外務委員会会議録）。しかし、日本政府は不確かな賠償額の根拠の追及より、相互の経済的利益と経済発展を優先し、財界の協力を得つつ「経済協力」という形で解決していった。賠償と経済協力の一体的推進は、「過去の戦争」のどのような責任を、誰に対して、どのように償うのかという、賠償の本来の意味を問い直す機会を失わせた。そうした懸念は五〇年代には見られたが、経済成長とともに消え去る（天川晃「賠償問題をめぐる世論の動向」萩原宣之ほか編『東南アジア史のなかの近代日本』みすず書房、一九九五年）。

注意すべきは、アメリカは賠償問題全般について、二国間問題としてではなく多角的な観点から注意を払い、講和後も賠償・請求権条項を通じて日本のアジア関与策を制御する手段を保持し、そのコントロールの下に置いていたことである。その手法は、世界政策と納税者に対する責任という観点が強く刻み込まれた冷厳なものであった（北岡伸一「賠償問題の政治力学」）。

「二つの中国」と賠償問題

中国は、連合国のなかで、対日戦争において最も大きな被害を受けた国であった。日本の敗戦当時、重慶に拠点をおいていた中華民国国政府は対日賠償の調査を行い、金額も算定していた。行政院賠償委員会が、一九四七年にとりまとめた抗戦損失（中国の損失補償に関する対日賠償覚書）によれば、日中戦争の開始から終戦まで、東北地区および中共支配地域、台湾を除いて被害額は、六二三億ドル（一九三七年のドル換算）、死傷者数は一二七九万人にのぼった。

しかし、一九四九年、中華民国政府は共産党との内戦で敗退し台湾に移転し、大陸中国には共産党が支配する中華人民共和国（北京政府）が誕生した。ここに「二つの中国」が生まれ、五一年の講和会議にはどちらも招請されなかったが、連合国の一員としての立場から、いち早く日本と平和条約を結んだのは台湾の中華民国政府であった（日華平和条約）。

日華国交正常化交渉において中華民国政府は、戦犯問題や賠償問題について強硬な姿勢を示すことはなかった。それは、終戦直後の蔣介石の「寛大政策」による、というよりも、内戦にともなう国際的地位の低下がもたらしたものであった。それでも国民政府は、アメリカの無賠償原則（請求権の放棄）に同意する方針であったが、最終的な講和案ではそれが変更されたため、他のアジア諸国が賠償を請求するのであれば、中国だけが放棄することはできない、として賠償を求めて対日交渉に臨む。日本側は、接収された在華資産をもって充てれば足りる、と主張して交渉は難航するが、最終的に国民政府が譲歩し、賠償の自発的放棄を日華平和条約議定書で宣言することで決着した（中華民国政府の管轄下にある日本資産は除かれた）。

この処理は、台湾統治がもたらした被害の賠償ではなく、日中戦争による被害の賠償請求権の放棄という形をとった。こうして五二年四月の講和条約の発効日に日華平和条約が結ばれるが、その一方、北京政府との国交正常化は一九七二年のことになる。この間、日本政府は日中間で賠償問題は存在しないという立場を取り続けることになる。

こうした日本側の一方的な認識が問われることになったのは、一九七二年九月の北京政府との国交正常化交渉であった。中国（北京政府）の対日賠償放棄の方針は、すでに六〇年代半ばに決定していたが、周恩来総理は自国民に対する説明を国交正常化の直前まで避けていた。それだけ、賠償問題は中国国民にとって機微な問題であった。

周恩来が賠償放棄を決断したのは、日米安保条約反対と賠償請求とが、国交正常化を阻害していることを認識し、賠償放棄は、その阻害要因を除去するという意味があったとされる。もう一つは、賠償問題を持ち出せば、自民党内の「親台湾派」の圧力を弱め、田中角栄首相の立場を支持するという意味であった。

周恩来は九月下旬、国交正常化交渉の場で、改めて中国側の態度を説明している。「蔣介石は台湾に逃げて行った後で、しかも桑港（サンフランシスコ）条約の後で、日本に賠償放棄を行った。他人の物で、自分の面子を立てることはできない。戦争の損害は大陸が受けたものである。（中略）蔣介石が放棄したから、もういいのだという考え方は我々には受け入れられない。これは我々に対する侮辱である」（霞山会編刊『日中関係基本資料集　1949-1997』一九九八年）

北京政府は賠償放棄の方針を撤回したわけではなかったが、「侵略戦争」の責任と反省を前提とした放棄方針であった。そのため法律論を説く外務省に強く反発したのである。換言すれば、歴史認識の問題と賠償放棄はセットで考えられていたのである。

自民党内に批判勢力を抱える田中角栄首相や大平正芳外相は対応に苦慮するが、共同声明には、大平の決断で「日本側は過去において、日本国が戦争を通じて中国国民に重大な損害を与えたことについての責任を痛感し、深く反省する」という踏み込んだ表現が盛り込まれる。また、賠償請求権については、中国側は「日本国に対する戦争賠償の請求を放棄することを宣言する」（共同声明第五項）とされた。中国側草案の「賠償請求権」という文言では、日華平和条約が「当初から無効であったことを明白に意味する」として日本側が同意せず、「権」の削除で合意したものであった。こうした交渉経緯から、共同声明は中国国民の請求権を除外していない、と解釈される余地を残し、一九九〇年代には中国国民による戦時被害の個人補償を求める運動が広がる一因となる。

国交正常化後の七九年から、日本は大規模な対中ODA（政府開発援助）を開始し、中国の経済建設や改革・開放路線への支援に乗り出し、八〇年代には戦後最高の「日中友好」の時代に結びつく。中国の賠償放棄と経済協力（ODA）のリンケージについて、日中双方の態度が曖昧なままであったことが、かえって両国関係の発展に幸いした。

「植民地帝国」の清算——韓国と台湾

戦争遂行と植民地統治とは、元来、次元の異なる国家の行為である。しかし、敗戦は、連合国に対する敗北であると同時に、植民地や占領地の喪失——「帝国の解体」を意味していた。そのため講和には双方の処理が必要となっていた。とくに、分離地域（旧日本統治地域）とされた朝鮮と台湾の戦後処理は難航した。

前述のように、講和条約第四条では、分離地域における財産や請求権の処理は、日本と施政当局の「特別取極」の対象とされた。だが、日本政府にとっては、朝鮮や中国占領地の日本人財産は、内戦や動乱による混乱に巻き込まれたため、施政当局との間で合理的に処理することは現実的ではなかった。そこで「相互に一切請求しないと規定するほか実際的な解決方法はあるまい」という立場を打ち出していた（「平和条約第四条に関するわが方意見」一九五一年七月二四日)。つまり、請求権の「相互放棄」あるいは「相殺」という考え方が当初から存在したが、その処理は容易ではなかった。

まず、朝鮮半島の場合、一九四八年に大韓民国を成立させた李承晩政権は、植民地支配がもたらした人的・物的被害の詳細な調査を踏まえ、韓国併合以来の被害の補償を求めて講和会議参加を要求していた。米国務省は韓国の主張の根拠には違和感を抱いていたが、ダレスは、講和会議に参加させる意思があり、日本にも打診していた。

日本政府は、「在日朝鮮人が平和条約によって日本国内で連合国人の地位を取得しない」のであれば、韓国政府の署名に異議はないと回答している。在日韓国人が「連合国人」と認められ、財産の回復、補償などの権利を取得することになれば、日本にとっては耐えきれない負担となるからであった。結局、英米はイタリア平和条約と同様、植民地統治に起因する問題を正面から取り上げ「賠償」の対象とみなすことはなく、韓国の要望も拒絶される。

しかし、ダレスは韓国を実質的には「連合国の一員」とみなし、戦勝国並みの処遇を与えることになるが、その根拠が、請求権問題を「分離地域」における「施政当局」と日本との「特別取極」に委ねた第四条であった。「特別取極」により処理された請求権問題の一つは、六五年の日韓国交正常化に伴う日韓請求権・経済協力協定である。

五一年一〇月から始まる日韓会談において、韓国側は、韓国が講和条約の当事国から除外された結果、賠償請求権の行使は不可能となったため、「賠償要求」を「財産・請求権」に名目を変え、「八項目要求」として第一次会談に提出した。賠償的性格の濃い厖大な補償要求を取り下げ、日本統治時代の被害の回復や補償（債権、債務、徴用や軍人・軍属に対する補償など）を求める請求権に限定されたわけである。「三六年の占領期間中の損害を賠償してくれとは言わぬが、在韓日本財産だけでは満足できないので、領土分離にともなう当然の法律的清算を主張している」というわけであった。

対して日本側は、米軍政の管理下におかれた日本財産のうち私有財産に対して、原所有権にもとづく請求権を主張した。その根拠として、私有財産の保護を規定したハーグ陸戦条約、財産没収の対象が国有財産に限られたイタリア平和条約などを示した。日本側は、韓国による処分の効力は認めるが、私有財産についてはその限りではなく、日本の在韓財産に対する請求権もまた日韓の「特別取極」の主題たり得る、と主張した。

対立の背景には、日本の統治を「不法」とみなす韓国と、合法とみなす日本との歴史認識の乖離が横たわり、双方の国内事情も反映して交渉は何度も行きづまる。

結局、一九六〇年代に入り、韓国が請求権を放棄することを前提に、日本が無償・有償援助を提供するという「経済協力」方式によって解決に向かう。アメリカは両国の経済発展と反共陣営の結束を促すという観点から、この方式による解決を後押しした。さらに、五〇年代末までに東南アジア諸国との賠償問題が、「経済協力」方式によってほぼ解決されていたことが、両国を歩みよらせた一因であった。

その一方、「日韓会談における請求権問題とは、朝鮮が植民地であった時代に受けた朝鮮人の被害項目を補償する問題で、南朝鮮の政権だけを相手に片のつく問題ではない」と考えるならば、日朝国交正常化はもとより、朝鮮半島における植民地支配の清算という重い課題も残ったのである。

韓国と並ぶ「分離地域」であった台湾も、講和条約第四条で、その請求権の処理が台湾の施政当局と日本の間の「特別取極」の主題とされたが、変則的な経過をたどった。戦後の台湾統治の主体が、現地樹立の政権ではなく大陸からの国民政府となったことから、五二年の日華平和条約交渉が実質的舞台となった。前述のように、この日華交渉では、日本の台湾統治がもたらした被害の賠償ではなく、日中戦争による被害の賠償請求権の放棄という形で決着した。

肝心の日本の台湾統治期の日系財産や権利の処理について、日華平和条約第三条では、朝鮮の場合と同じく、両国・国民の財産・請求権問題は中華民国政府と日本国との「特別取極の主題とする」と規定された。日華平和条約調印後、外務省は再三、交渉開始について注意を喚起したが、台湾側は時期尚早として応じず、七二年の日中国交正常化によって日華平和条約が存続の意義を失い終了したため、請求権の処理が不可能となってしまう。

さて、アジア諸国との一連の賠償協定が、経済的利益を優先する「経済協力」方式によって決着したことは、賠償資金を活用したインフラ整備に結びつき、日本の経済的な再進出――輸出市場の開拓に道を開くことになった。一九五〇年代末には、賠償は円借款へと切り替えられ、強制された債務の支払いという段階から政府の意思による経済協力が本格的に始まるのである。

ただ、注意すべきは、賠償支払いが経済協力に移行したわけではなかったことである。そもそも日本にはアジア諸国に対する経済協力をもって双方の経済発展を促すという政策構想が終戦直後から存在し、賠償はその実践の手段となったのである（下村恭民「日本の援助の源流に関する歴史比較制度分析」)。

同じく経済協力方式(実際には請求権放棄と経済協力の一括処理方式)で決着した韓国でも、日本の援助は経済発展の基盤形成のため、浦項綜合製鉄工場などへの大型投資やインフラ整備に回され、「漢江の奇跡」と呼ばれる経済成長を導いた。

経済協力方式による賠償問題の解決は、アジアの自由主義諸国に対する共産主義の浸透を経済基盤の強化によって防ぐというアメリカの冷戦戦略に沿うものであった。しかし、賠償をめぐる国際外交は、冷戦の論理のみに左右されていたわけではない。アメリカの納税者への配慮はもとより、国際政治経済システム全体の均衡回復と発展を促すという視点が重視された。例えば、賠償支払いが、役務賠償や生産物賠償に限定されたのは、外貨をもって支払うという、第一次大戦後のドイツに課せられた金銭賠償方式が、ドイツの輸出力の欠如によって機能しなくなり、やがて世界経済の均衡を破綻させたという教訓によっている。

賠償交渉は、アメリカの意向に沿いつつ一定の政治目的にも配慮され、共産主義の浸透や拡大を抑えることもその一つであった。一九五四年一一月、訪米した吉田首相は、ダレス国務長官に、「賠償は一種の投資」として経済開発と共産主義浸透の防止策を強調してアメリカの援助を求めるが、賠償資金をアメリカが裏書するならば、求償国の要求はさらに増額されるだろうとして拒絶した。アメリカの資金的支援は得られなかったものの、投資による経済建設の基盤形成という側面を日本側は重視した。賠償形式についても、講和条約に明記された役務賠償の原則に固執せず、生産物賠償を加えるなど、柔軟に対応していった。

賠償を中心とする戦後処理外交は、単に二国間外交ではなく、国際安全保障の確保や世界経済の均衡ある発展、地域秩序の形成と安定、国内改革といった問題に配慮しながら多面的に展開されたのである。

日本は、七〇年代末までに賠償義務を誠実に履行していったが、この間、日本が支払った賠償は、賠償・準賠償が六五六六億円、在外財産の喪失が三五五二億円、中間賠償一億七〇〇〇万円で、合計約一兆円であった（対中ODA、対韓請求権資金を除く）。国民一人当たりの負担は五〇〇〇円程度であったが、六〇年代の経済成長を勘案すると比較的少ない負担であったといえるであろう。大蔵省が総括するように、「高度成長期に入った日本は、大局的にみてさほど苦労せずに賠償を支払うことができた」のである。

賠償支払いが双方の経済的利益を優先した「経済協力」という形で決着をみたことは、日本の復興とアジア諸国の経済発展には寄与したが、戦争の責任や反省という意味を希薄にしたことも事実であった。賠償と経済協力を切り離さなければ講和条約の賠償条項の趣旨に反するという議論は講和直後に散見されたが、やがて肯定する議論に変貌してしまうのである（前掲「賠償問題をめぐる世論の動向」）。その背景に、アジアの経済開発への積極的協力が、戦争の惨禍を被った地域への「贖罪」にもなる、という意識を政府や民間に認めることができる。

その一方、戦後処理の基盤としての講和体制の形成という観点からみると、戦争に起因する賠償問題、また「帝国の解体」にともなう植民地統治に由来する諸問題をも決着させ、やはりアジア太平洋の国際秩序の安定に寄与するはずであった。しかし、講和条約体制による枠組みによる決着は解決の一面に過ぎなかったことが、やがて明らかとなる。一九九〇年代に入って、「個人請求権」という問題が浮上してきたからである。

おわりに　「個人請求権」と戦後補償問題——揺らぐ講和体制

前述のように、アジア諸国との国交正常化の過程で重視されたのは賠償・補償である。

戦争賠償だけではなく、在外財産の放棄、経済技術協力、連合国捕虜に対する補償、戦前債務の支払い、さらに「分離地域」としての韓国による財産・請求権の放棄などを含んでいる。

これらの相互関係は複雑であるが、一貫する日本政府の処理原則は、①賠償はあくまで戦争に起因するもので、植民地統治の被害には及ばないこと、②個人の被害は国家として「一括処理」されたとする国際法上の解釈である。後者の根拠は、第一次世界大戦の戦後処理を定めたヴェルサイユ平和条約（一九一九年）であった。ヴェルサイユ条約第三〇二条は、戦争遂行によって個人が受けた被害や損失について、その償いや補償を要求する権利を戦勝国側に認めるにいたった。それは、国家間の戦争にともなう戦争賠償（講和に際して敗戦国が戦勝国に対して提供する金銭その他の給付）とは別に、戦後処理に当たって交渉主題となる可能性を開くものであった。

しかし、第二次世界大戦後の連合国の戦後処理は、個人の被害に対する請求権を含め、戦争の遂行中に生じた相手国およびその国民（法人を含む）に対する全ての請求権の放棄を原則とした。戦争にともなう個人（国民）の被害や損失を国家に集約させ「一括処理」したとも言い得る措置であった。

ところが、一九九〇年代になると、中国や韓国の被害者が個人補償を求めて日本の裁判所に提訴する事案が急増する。慰安婦や強制労働といった「戦後補償」と呼ばれる問題群である。中国からは、国家間の戦争賠償と人民に対する損害賠償とを区別し、前者は日中共同声明によって放棄したが、後者は放棄していないとして、被害者個人が賠償や謝罪を求めて日本の裁判所に提訴する事案が一九九五年から頻発している。韓国からも強制連行の被害者が提訴する案件が急増する。

講和条約体制はそもそも個人補償を想定していなかった。戦争遂行や総動員政策の過程で日本が与えた被害は、請求権の相互放棄（講和条約第一四条や日韓請求権協定）によって、個人の被害を含めすべて解決されたはずだったからである。

実際、一九五〇年代後半に、占領下のインドネシアで慰安婦や兵補として日本軍のもとで働き被害にあった人々の補償問題が起こったとき、インドネシア政府は、すべての賠償請求権を相互に放棄するとした日本・インドネシア平和条約第四条の規定にしたがい、個人補償は行わない方針を明確にしている（倉沢愛子「インドネシアの国家建設と日本の賠償」『年報日本現代史』第五号、一九九九年）。

中・韓から提起された個人の被害に対する補償という要求は講和条約体制への挑戦で

あり、個人補償に踏み込むことによって、講和条約や日韓請求権協定の法的枠組を踏み外す可能性があった。そこで、日本政府は、講和体制を基盤としつつも、道義的観点から積極的な対応を模索する。その典型例が慰安婦問題に関する「アジア女性基金」事業（一九九五年開始）であった。

慰安婦問題は日韓二国間の問題を超え、国際的な人道・人権問題として展開するなかで、アジア女性基金の事業は一定の評価を得るものの、国際社会においては、それを超えた対応が求められるようになる。

二〇〇七年四月、最高裁は、中国人被害者が原告となった二つの戦後補償裁判の判決で、「個人の請求権」に基づく救済を認めない講和条約は、個別に締結されたアジア諸国との平和条約・賠償協定のみならず、講和の外にあった中国、ソ連との日中・日ソ共同声明にも及ぶもの、という包括的な「サンフランシスコ条約枠組み」論を展開して中国人被害者の訴えを退けた。判決はこう述べている。

「この枠組みが定められたのは、平和条約を締結しておきながら戦争の遂行中に生じた種々の請求権に関する問題を、事後的個別的な民事裁判上の権利行使をもって解決するという処理にゆだねたならば、将来、どちらの国家又は国民に対しても、平和条約締結時には予測困難な過大な負担を負わせ、混乱を生じさせることとなるおそれがあり、平和条約の目的達成の妨げとなるとの考えによるものと解される。」

要するに、旧被害国の国民（個人）による請求権の行使によって、そもそも個人補償を想定していない講和体制を揺るがすことを恐れた最高裁は、増大する戦後補償裁判に歯止めをかけ、講和体制の法的安定を図ろうとするものであった。その一方、最高裁は、当事者による自発的解決を促し、その結果、日本企業と被害者団体との間でいくつかの和解が成立しているが、それは一部に止まっている。

戦後処理は、北朝鮮やロシアとの国交正常化や賠償問題だけではなく、個人補償という問題でも終わっていない。そのことを如実に示したのが、韓国人「元徴用工」に対し、日本企業に慰藉料の支払いを命じた二〇一八年の韓国大法院の判決である。

【参考文献】
岡野鑑記『日本賠償論』東洋経済新報社、一九五八年
吉川洋子『日比賠償外交交渉の研究――1949-1956』勁草書房、一九九一年
宮城大蔵編著『戦後日本のアジア外交』ミネルヴァ書房、二〇一五年

波多野澄雄・佐藤晋『現代日本の東南アジア政策』早稲田大学出版部、二〇〇七年
北岡伸一「賠償問題の政治力学（1945-59）」（北岡伸一・御厨貴編『戦争・復興・発展』東京大学出版会、二〇〇〇年）
下村恭民「日本の援助の源流に関する歴史比較制度分析」（『国際開発研究』第二三巻第一号、二〇一四年）

第12章　平成における天皇皇后両陛下と「慰霊の旅」

庄司潤一郎

平成の時代は、上皇陛下（「慰霊の旅」当時は、天皇陛下）が、２０１８（平成30）年12月の天皇誕生日記者会見において、心に残ることとして、慰霊と災害を挙げられたように、二つの祈り――「慰霊の旅」と被災地へのお見舞い――に象徴されると言われる。

「慰霊の旅」は、１９９４年12月の天皇誕生日記者会見において、「来年は戦争が終わって、50年になります。戦争による多くの犠牲者とその遺族のことは少しも念頭を離れることはなく、……とりわけ戦争の禍の激しかった土地に思いを寄せていくつもりでいます」と述べられたように、戦後50年を契機に始まった。長崎、広島、沖縄などをはじめとして、戦地への御訪問は、硫黄島（１９９４年2月）を嚆矢として、戦後60年のサイパン（２００５年6月）、戦後70年のパラオ（２０１５年4月）、フィリピン（２０１６年1月）と続けられた。

本論文では、両陛下の「慰霊の旅」の特色と意義について述べてみたい。

「異例」な「慰霊」の旅

「慰霊の旅」は、上皇上皇后両陛下が新たに始められた「公的行為」である。そのため、これまでの外国訪問と比較すると、「異例」な形での「慰霊」の旅であった。第一に、両陛下の外国御訪問は、「国際親善」を目的に先方からの招聘をお受けになる形で行われてきたが、「慰霊の旅」は、戦没者の慰霊を目的に日本側から先方に打診する形でなされたのである（パラオとフィリピンは、慰霊とともに「国際親善」も目的とされた）。

第二に、特にパラオの場合、移動手段や宿泊先で課題があったため、滑走路の都合から政府専用機ではなく民間機をチャーター、海上保安庁の巡視船「あきつしま」に宿泊され、ヘリコプターでペリリュー島まで移動された。硫黄島でも、御料車ではなく自衛隊の四輪駆動車が使用された。

第三に、「慰霊の旅」に際して必ず、事前に関連の文献や資料を熱心にお調べになられたうえで、生還した元兵士や御遺族の体験及び戦史に関する御説明を聞かれた点である。生存者では、硫黄島では多田実氏、サイパンではマリアナ戦友会関係者、ペリリュー島の土田喜代一（95歳、当時）、永井敬司（93歳、同）両氏、戦史の御説明は、防衛省防衛研究所戦史研究センター（旧・防衛庁防衛研究所戦史部）が担当した。こうした準備について、渡邉允元侍従長は、「ほかの外国ご訪問にはなかった」ことで、「両陛下が、長時間かけて皆の話に真剣に耳を傾けておられたご様子が今でも目に浮かびます」と回想している（渡邉允『天皇家の執事』）。

第四に、日程上の特色で、戦後50年の国内の「慰霊の旅」は、1995（平成7）年7月26日から8月3日のわずか1週間ばかりの間に、長崎・広島県（1泊2日）、沖縄県（日帰り）、東京都慰霊堂（東京大空襲の死者を合祀している）を御訪問されるという強行スケジュールであった。また、硫黄島、サイパンには、各々戦闘が行われた2月、6月に御訪問されている。

こうした「異例」とも思われる「慰霊の旅」の背景には、両陛下の強い御意志が存在していた。例えば、硫黄島御訪問は、「本土防衛の砦」、島民の強制疎開という歴史から、一部には慎重論も見られたが、陛下の強い御意向で実現するにいたったと言われる。

さらにサイパン御訪問について、陛下は、戦後50年から南太平洋の島々を慰霊のために訪問されたいとの意向を示され、宮内庁や外務省が調査を行ったところやはり難しいということで御納得されたが、「来年は戦後六十年でもあり、サイパン島にだけでも行かれないものか」とのお話があり、実現にいたったものであった（前掲『天皇家の執事』）。

パラオ御訪問の直前に、歌会始の選者として御所に招かれた永田和宏氏は、両陛下が熱く語られたのは、御訪問のことであり、それは「ようやく実現に漕ぎつけた両陛下の喜び」ではないかと回想している（永田和宏『象徴のうた』文藝春秋、２０１９年）。

ちなみに、陛下は、皇太子当時より、東宮御所において１９７９（昭和54）年から四度にわたりミクロネシアの子供達とお会いになり、以下のように語りかけられていた

（小林泉『もうひとつの戦後史　南の島の日本人』産経新聞出版、２０１０年）。

「小学校の教科書には『トラック島便り』というのがあって、それを読んだ私はいつか南の島に行ってみたいと思うようになっておりました。そんな子供の頃を思い出して、皆さんにお会いするのがとても楽しみでした」

また、フィリピンは、当初、２０１６年1月下旬というのは、年末からの御多忙な時期の直後ということで日程的に厳しく、側近は慎重であったが、両陛下の強い決断で、御訪問は決まったと言われている（河相周夫「天皇皇后陛下フィリピン随行記」）。そこには、天皇として、ＡＳＥＡＮ原加盟国（5カ国）で唯一御訪問されていなかったフィリピン

だけに、「やり残していた務めをまた一つ果たせるとのお気持ち」（側近）があったと言われている（「皇室ダイアリー　No.323　両陛下　比訪問　やり残した務め」『読売新聞』2015年10月25日）。

このような陛下の強いお気持は、御訪問に際してなされたお言葉にも表れていた。いずれも、異例な長文に及ぶものであり、例えば、パラオ御訪問のお言葉は、「陛下が長い時間をかけてお心を込めて推敲を重ねられたもの」であった（川島裕『随行記』）。

すべての戦没者に対する慰霊

言うまでもなく、「慰霊の旅」の第一の意義は、戦没者に対する慰霊である。陛下は、1995（平成7）年8月の「慰霊の旅」の御感想において、「この戦いに連なるすべての死者の冥福を祈り」と述べられている。戦後50年の村山談話及び戦後60年の小泉談話においても、「内外（の）すべての犠牲者」に哀悼の意を述べているが、両陛下はさらに、敵味方を超越した彼我すべての犠牲者に対してお心を寄せられただけではなく、実践されたのであった。

それを最も象徴しているのは、サイパン御訪問である。御出発に際して、「この度、海外の地において、改めて、先の大戦によって命を失ったすべての人々を追悼し、遺族の歩んできた苦難の道をしのび」と述べられた通り、「中部太平洋戦没者の碑」（日本人戦没者）、「スーサイド・クリフ」及び「バンザイ・クリフ」（日本人移民）、「第二次世界大戦慰霊碑」（米国軍人）、「マリアナ記念碑」（チャモロ人など現地人）に加えて、事前には公表されていなかったが、両陛下の強い御希望で、「おきなわの塔」（移民の過半）、「太平洋韓国人追念平和塔」（朝鮮半島出身の軍属）を拝礼されたのである。

サイパン戦当時は約2万人の在留邦人が留まっており、その8割近くが沖縄県出身者と言われ、最終的に半分の約1万人が犠牲となった。一方、軍属として徴用され亡くなった朝鮮半島出身者は、約１１００人であった。硫黄島では、生存者の多田実氏に、旧島民の生活ぶりや疎開、戦闘状況とともに、朝鮮半島出身の軍属の数などの御下問がなされたと言われる（『読売新聞』１９９４年2月10日付夕刊）。

陛下は、サイパン御訪問は「心の重い旅」であったと述懐しているが、沖縄県と韓国の関係者は、両陛下の行為を概ね歓迎して受け入れたのであった（『東京新聞』２００５年6月28日付夕刊、『日本経済新聞』同）。

こうした行為は、自国民の犠牲を追悼するのは自然であるが、ただそこにとどまっていては戦争の一部しか理解できず、「十分に知る。そのためには『敵と味方』『兵士と市民』『日本人と外国人』など様々な隔てを超える視点が要る」と、すべての戦没者に思いを寄せることにより歴史を知ることの重みと評せられた（「社説　天皇慰霊の旅　歴史を知ることの重み」『朝日新聞』2016年1月29日）。

国籍や性格の異なる戦没者をいかに処遇すべきか、特に彼我双方の、兵士のみならず多くの民間人も犠牲となった第二次世界大戦における戦没者の追悼（慰霊）は、いずれの国にとっても複雑かつ難しい問題である。加えて、陛下が象徴として新たに取り組まれた被災地御訪問と「慰霊の旅」の旅の在り方については、当時から国内に様々な見解が存在するのも事実である。しかし、両陛下による「慰霊の旅」はそれらを乗り越え、今では平成を象徴するものとして定着していると言っても過言ではない。

さて、戦没者といっても、国籍、性格は多岐に及ぶが、第一に戦没した自国兵士への強い思いである。陛下は、戦後50年に際して、御製「国がためあまた逝《ゆ》きしを悼《いた》みつつ平《たい》らけき世を願ひあゆまむ」、上皇后陛下は、1996年の終戦記念日に、御歌「海陸《うみくが》のいづへを知らず姿なきあまたの御霊《みたま》国を護《まも》るらむ」と、戦没した兵士に思いを託されている。

例えば、硫黄島の滞在時間はわずか約2時間であったが、両陛下は、戦没した兵士に対して強い思いを寄せられた。硫黄島への御訪問を踏まえて、以下の歌を詠まれている。

〈御製（上皇陛下）〉
「精根を込め戦ひし人未《いま》だ地下に眠りて島は悲しき」
「戦火に焼かれし島に五十年《いそとせ》も主なき蓖麻《ひま》は生ひ茂りゐぬ」

〈御歌（上皇后陛下）〉
「慰霊地は今安らかに水をたたふ如何《いか》ばかり君ら水を欲《ほ》りけむ」
「銀ネムの木木茂りゐるこの島に五十年《いそとせ》眠るみ魂かなしき」

硫黄島の日本軍を率いた栗林忠道中将は、玉砕直前の訣別電報に付した辞世の句で、「国の為重き努《つとめ》を果し得で矢弾《やだま》尽き果て散るぞ悲しき」と詠んでいたが、両陛下が各々、「島は悲しき」「み魂かなしき」と詠まれたことは、「偶然とは思えない。この御製と御歌は、四十九年の時をへだてた、栗林への返歌のように思える」と評されたのである（梯久美子『硫黄島　栗林中将の最期』文春新書、２０１０年）。

特に、陛下が、「精根を込め戦ひし人」と詠まれたように、事前に行われた生存者や戦史の専門家による御説明などから、硫黄島における過酷な戦い、特に水不足と地熱をよく熟知されたうえで、戦没した将兵に対して深いお心を寄せられていた。2月12日に公表された御感想では、以下のようにお述べになられた。

「硫黄島における戦いは大洋に浮かぶ孤島の戦いであり、加えて、地熱や水不足などの厳しい環境条件が加わり、筆舌に尽くしがたいものでありました。この度この島を訪問し、祖国のために精根込めて戦った人々のことを思い、また遺族のことを考え、深い悲しみを覚えます。……鎮魂の碑の正面に立つ摺鉢山は忘れがたいものでありました」

上皇后陛下も、硫黄島の戦いにお心を深く動かされていた。硫黄島の戦いは、海軍司令官の市丸利之助少将が、戦訓電報において「敵は地上に在りて友軍は地下に在り」と記した通り、まさに日本軍は地下の壕に潜んで死闘を繰り返した。それは、川や湧水がないことによる喉の渇きと、地下壕での摂氏50度に達する地熱という環境下での激闘であった。こうした厳しい状況で戦った将兵に思いを寄せられて、上皇后陛下は、先の「慰霊地は今安らかに水をたたふ如何ばかり君ら水を欲りけむ」との御歌を詠まれたのであった。この歌に感銘を受けた詩人の大岡信氏は、「立場上の儀礼的な歌ではない。豊かで沈痛な感情生活が現れている」と評していたのである（『新　折々のうた　4』岩波新書、1998年）。

当時上皇后陛下は、前年10月、59歳の誕生日に体調を崩され、その後「失声症」、すなわち声を失われた状態が続いていたが、この小笠原諸島御訪問において、お声が戻られたと言われている。一般的には、2月13日、父島の小港海岸の波打ち際でアオウミガメの子を放流する地元の子供たちに、「次の波が来るとカメは海に帰るのね」と声をかけられた瞬間と言われているが、実は、その前日の12日、硫黄島から父島に出発する直前、自衛隊基地庁舎において遺族と懇談された際、東京都遺族連合会の石井金守会長に、「遺族の方々は、みなさん元気にやっておられますか」と語りかけられていたと報じられている（『読売新聞』1994年2月13日・19日）。

ノンフィクション作家の宮原安春氏は、「御歌に込められている胸を引き裂くような慟哭の悲しみと祈り……死者と向かい合った慟哭の思いが、皇后のなかで強くなり、声を発する内面の欲求につながったようだ」（『祈り　美智子皇后』文藝春秋、1999年）と述べていた。

紀宮さまの献身的な存在に加えて、過酷な戦場における戦いと犠牲に、上皇后陛下は強く心を動かされ、その結果、お声を取り戻されたのであった。

パラオ御訪問に際しても、上皇后陛下は、強いお気持で臨まれており、側近は、「（御訪問4、5週間後においても）その時の緊張がまだ解けないとおっしゃった。どんなに張り詰めた思いで、成し遂げられた旅でいらしたのだろうかとお察ししました」と述べている（「美智子さまが知人に洩らされた『強いストレス』の真実」『週刊文春』2015年8月27日号）。

第二に、敵である米軍兵士に対しても、鄭重に向き合われている。例えば、先のサイパン同様、硫黄島では、戦死した日米両軍の将兵の霊を慰めるために建立された「鎮魂の丘」、ペリリュー島では、「米陸軍第81歩兵師団慰霊碑」に拝礼されている。

第三に、目立たない埋もれた犠牲者に対しても、お心を寄せられている。サイパン御訪問における沖縄と韓国の例については既に述べたが、硫黄島では、事前の予定にはなかったが、軍属として島に残り亡くなった82名の島民を祀った「硫黄島島民平和祈念墓地公園（島民墓地）」に立ち寄られ、車中から拝礼された（1944〔昭和19〕年強制疎開により1094名の島民が本土に引き揚げたが、成年男子103名が軍属として残留、82名が硫黄島の戦いで戦死した）。

サイパンでは、戦闘に巻き込まれた多くの日本人移民をはじめとする民間人が、米軍に追い詰められた果てに、島北部の崖から身を投じた。両陛下は、「スーサイド・クリフ」と「バンザイ・クリフ」を訪問され黙禱されたが、上皇后陛下は、御歌「いまはとて島果ての崖踏みけりしをみなの足裏《あうら》思へばかなし」と詠まれている。この歌は、「『をみなの足裏』を心に思い描くことは、自ら断崖に身を投げようとする女性への心寄せがなければ、決してできない」とまで専門家に評されたのであった（前掲『象徴のうた』）。

両陛下が黙禱され海を見つめられていると、渡り鳥のシロアジサシの仲間が数羽、目の前を飛んでいったが、上皇后陛下はのちに、「この場所で命を落とした人びとの魂が想いを残しているように感じました」と振り返られている。

さらに、同様に身を投じた多くの遺体が流れ着いた島北東部の「月見島」（現在のバードアイランド）にも、陛下は強い関心を寄せられていたが、時間の関係上御訪問は叶わなかった。

なお戦争の犠牲者という意味では、両陛下は特に、沖縄県民と海没した犠牲者に対しては、格別の思いを寄せられている。沖縄県は、過激派が「ひめゆりの塔」で火炎瓶を投げつけた1975年7月（皇太子時代）の御訪問以来、異例の11回を数えており、例えば、1993年4月の御訪問時には、「なかでも沖縄県が戦場となり、住民を巻き込む地上戦が行われ、20万の人々が犠牲となったことに対し、言葉に尽くせぬものを感じます。ここに、深く哀悼の意を表したいと思います」と述べられ、先の大戦において地上戦が展開され多くの人々が犠牲となった点に深く心を動かされていた。

全国海づくり大会で沖縄を御訪問された2012年には、天皇誕生日記者会見において、「地上戦であれだけ大勢の人々が亡くなったことはほかの地域ではないわけです。そのことなども、段々時がたつと忘れられていくということが心配されます。やはり、これまでの戦争で沖縄の人々の被った災難というものは、日本人全体で分かち合うということが大切ではないかと思っています」と述べられていた。

昭和天皇は、御病状の悪化で沖縄御訪問を果たすことができず、1987年9月に「思はざる病となりぬ沖縄をたづねて果さむつとめありしを」との御製を詠まれていたが、まさに昭和天皇の宿願を、陛下は果たされたのであった。

また、海没した犠牲者に対しても強い思いを寄せられている。戦中に徴用され、米軍などの攻撃によって約7000隻以上が喪失、約6万人が殉職したと言われるが、神奈川県立観音崎公園の「戦没船員の碑」には、沖縄同様に異例の8回御訪問されている。2000年5月の戦没・殉職船員追悼式では、以下のように述べられている。

「ここに祀られた船員が、碑の前に広がる果てしない海に抱いたであろうあこがれと、その海が不幸にもその人々が痛ましい最後を遂げた場所となったことを思う時、かけがえのない肉親を失った遺族や亡くなった船員と共に航海をした同僚の人々が抱き続けてきた深い悲しみが察せられます」

さらに、戦後70年の2015年12月の天皇誕生日記者会見では、「制空権がなく、輸送船を守るべき軍艦などもない状況下でも、輸送業務に携わらなければならなかった船員の気持ちを本当に痛ましく思います」と述べながら、声を詰まらせられたのであった。

また、陛下は、1997年の天皇誕生日記者会見で、沖縄県の疎開児童が米軍の潜水艦によって撃沈され犠牲になったことについて、以下のように述べられていた。

「数日前、戦争中1500人近くの乗船者を乗せた学童疎開船対馬丸が米国の潜水艦に沈められ、その船体が悪石島の近くの海底で横たわっている姿がテレビの画面に映し出されました。私と同じ年代の多くの人々がその中に含まれており、本当に痛ましいことに感じています」

2014年6月、両陛下は沖縄県御訪問の折、対馬丸記念館を訪問されている。

戦後の苦悩への労い、そして感謝

第二の意義は、戦争が終わったあとの「遺産」に対するお心配りである。戦争は、戦火に倒れた戦没者はもちろん、戦後においても遺族、移民、日系人などをはじめとして多くの人々が苦難の道を歩まねばならなかった。「慰霊の旅」は、そうした人々の苦悩に対する労いの意味も有していた。

先ず、遺族の歩んだ苦難の道をはじめとする、戦争がもたらした戦後の様々な苦悩への思いである。陛下は、「遺族の悲しみを忘れることなく」（1995〔平成7〕年8月、「慰霊の旅」の御感想）、「戦争による多くの犠牲者とその遺族のことは少しも念頭を離れることはなく」（1994年12月、天皇誕生日記者会見）と述べられていた。

戦後60年の歌会始において、陛下は、「戦《いくさ》なき世を歩みきて思ひ出づかの難き日を生きし人々」との御製を詠まれている。

このように、両陛下は、戦争の戦没者はもちろん、その後もその傷に苦しんでいる人々、また傷を乗り越えて復興に尽力した人々など、現在に至るまでのすべての戦争の犠牲者に思いを寄せられている。

両陛下は、日本遺族会の追悼式典には、5年ごとに御臨席されてきたが、陛下は1992年の日本遺族会創立45周年に際して、以下の歌を詠まれている。

御製「戦に散りにし人に残されしうからの耐へしながとせ思ふ」

また、戦後50年に当たって、上皇后陛下も、以下の歌を詠まれている。

御歌「いかばかり難《かた》かりにけむたづさへて君ら歩みし五十年《いそとせ》の道」

そして、「慰霊の旅」では、生き残った兵士、戦史の専門家とともに、必ず遺族との懇談の機会が設けられたのであった。例えば、硫黄島では、先に述べたように、戦跡をご覧になられたあと遺族と懇談された際、声を失われていた上皇后陛下は、お声が戻られたと言われている。

上皇后陛下は、2015年10月のお誕生日に際して、以下のように述べられている。

「戦争で、災害で、志半ばで去られた人々を思い、残された多くの人々の深い悲しみに触れ、この世に悲しみを負って生きている人がどれ程多く、その人たちにとり、死者は別れた後も長く共に生きる人々であることを、改めて深く考えさせられた1年でした」

さらに、遺族だけではなく、硫黄島御訪問では戦後の島民の苦悩にも思いを寄せられていた。特に、小笠原諸島返還後も、硫黄島については島民の帰島は叶わないまま現在に至っている。両陛下は、「島民の強制疎開」に触れつつ、「返還までの20年以上にわたる多くの島民の島を離れての厳しい生活がありました」との御感想を述べられていた。

一方、海外に移住していた日本人移民も戦後苦難の道を歩んだ。両陛下は、サイパン御訪問に際しては、家族を戦火で失い戦後もサイパンに残った日本人女性の西川君子（サイパン名：アントニエッタ・アダ）さんと夕食を共にされた。

また、パラオ御訪問の２カ月後の２０１５年６月、パラオから帰還した人々が開拓した宮城県蔵王町北原尾（北のパラオの意）地区開拓地を御訪問、陛下は「寒かったでしょう」と入植者を労われ、上皇后陛下の優しいいたわりの言葉に入植者たちは感涙したのであった（『読売新聞』２０１５年６月18日）。同様に、長野県南牧村野辺山地区開拓地（２００５年８月）、栃木県那須町千振開拓地（２００５年９月、２０１５年７月）、長野県軽井沢町大日向開拓地（２０１５年８月）など、皇太子時代以来、開拓地に度々足を運ばれてきた。例えば、千振開拓地では、陛下は、ソ連軍の侵攻を受け「ずいぶん危険があったでしょう」、上皇后陛下は、「よくここまで開拓地をつくってくださって。景色も全然違いましたでしょうね」と労われた（『読売新聞』２０１５年７月21日）。

千振開拓地には、御訪問を記念して「行幸啓記念碑」が建立され、陛下の詠まれた御製「たうもろこしの畑続ける那須山麓かの日を耐へし開拓者訪《と》ふ」が刻まれている。２０１２年には、千振の入植者の苦難をモデルに制作されたＮＨＫドキュメンタリードラマ「開拓者たち」が放映された。

各開拓地を訪問された2015年、陛下は、「外地での開拓で多大な努力を払った人々が、引き揚げの困難を経、不毛に近い土地を必死に耕し、家畜を飼い、生活を立てた苦労がしのばれました」と振り返られた。

さらに、2017年2～3月の国際親善を目的とするベトナム御訪問において、陛下の御意向で、残留日本兵家族との面会が実現、労いの言葉をかけられた。戦後、多くの日本兵がベトナムに残留、ベトミンなどの独立運動に身を投じた人たちもいた。彼らは、ベトナム人と結婚、子供も生まれたが、その後冷戦下で夫は日本へ帰国したため、残された家族は苦難の日々を送らねばならなかったのである。

陛下は、「いろいろとご苦労もあったでしょう」と、残留日本兵の妻のグエン・ティ・スアンさん（93歳、当時）に声をかけられ、上皇后陛下は、ひざを折り、涙ながらに感謝の言葉を繰り返す彼女を、何度も抱き寄せられていた（『読売新聞』2017年3月3日）。

上皇后陛下は、この時のことを、「『父の国』と日本《にっぽん》を語る人ら住む遠きベトナムを訪《おとな》ひ来たり」と詠まれている。ベトナムのチャン・ダイ・クアン国家主席は、この御歌に対して、「ベトナムの何百万人もの心を揺り動かしました」と絶賛したのであった。

同年の天皇誕生日の記者会見で、陛下は、「こうした日本兵たちは、ベトナム独立後、勧告により帰国を余儀なくされ、残されたベトナム人の家族は、幾多の苦労を重ねました」と述べられたのである。

ちなみに、スアンさんはその後、面会の翌年1月に亡くなられた。同様に、パラオ御訪問に際して懇談された土田、永井両氏も、その数年後に亡くなられている。「慰霊の旅」は、まさにギリギリの時期に行われ、労いのお言葉がかけられたのであった。

戦争の遺産は、遺族などの戦後の苦しみだけではない。遺骨もそうであり、その収集は重要な仕事である。両陛下は、硫黄島御訪問に際して、「未だ地下に眠りて」「この島に五十年眠る」と詠まれたように、いまだ硫黄島に残された遺骨にも思いをいたされていた。御感想においても、「特にいまだに地下に1万の遺体が眠る硫黄島への訪問は心の痛むものでありました」と述べられており、同年（1994年）12月の天皇誕生日に際しての記者会見においても、「いまだに1万柱以上の遺骨が地下に眠っていることに心を痛めております」と、繰り返し話されていた。

硫黄島における遺骨収集事業は1952（昭和27）年から始まったが、地下壕のため収集は困難を極めた。厚労省によれば、2021（令和3）年4月末現在の遺骨収集状況は、戦没者概数2万1900名、収容遺骨数1万520柱となっており、いまだ内地に帰還されたのは5割弱にとどまっているのが現状である。

さらに、遺棄兵器や不発弾なども戦争の遺産である。陛下は、パラオを御訪問された年末、2015年12月の天皇誕生日記者会見において、以下のように述べられていた。

「空から見たパラオ共和国は珊瑚礁に囲まれた美しい島々からなっています。しかし、この海には無数の不発弾が沈んでおり、今日、技術を持った元海上自衛隊員がその処理に従事しています。危険を伴う作業であり、この海が安全になるまでにはまだ大変な時間のかかることと知りました。先の戦争が、島々に住む人々に大きな負担をかけるようになってしまったことを忘れてはならないと思います」

一方、戦後の歩みへの感謝もなされた。パラオでは、戦場となったペリリュー島に住んでいた現地島民は、本島などに疎開していたため、サイパンと異なり戦闘に直接巻き込まれることはなかった。しかし、日本の陣地構築や作戦行動のためジャングルに強制移住させられた者もおり、人的被害は多くはなかったものの、生活は食糧事情の逼迫や空襲などのため過酷なものであった。こうした苦い戦禍を体験していたにもかかわらず、戦後の日本人に対する対応は総じて好意的なものであった。

そのため、陛下は、パラオ御訪問の晩餐会において、「空襲や食糧難、疫病による犠牲者が生じたのは痛ましいことでした。……この地域の人々が、厳しい戦禍を体験したにもかかわらず、戦後に慰霊碑や墓地の管理、清掃、遺骨の収集などに尽力されたことに対して心から謝意を表します」と感謝の意を表明された。

また、フィリピン御訪問では、両陛下はレセプションにおいて、希望されて、日本人戦犯に恩赦を与えた（詳細は後述）エルピディオ・キリノ大統領の孫娘と対面、陛下は、「キリノ大統領が日本人に優しくしてくれたことに、日本の人たちは感謝しています。このことをあなたたちに伝えることができました」と話された。孫娘は、「日本とフィリピンは過去にないほど良い関係を築いてきた」と応えた（『東京新聞』２０１６年1月30日、『日本経済新聞』２０１６年1月29日）。

恩赦から約70年近く経過した今、キリノ大統領による赦し、恩赦の決断に対して、両陛下は感謝の意を表されたのであった。

上皇后陛下は、モンテンルパ刑務所に収容されていた日本人戦犯の恩赦を決断したキリノ大統領に思いを寄せつつ、「許し得ぬを許せし人の名と共にモンテンルパを心に刻む」とお詠みになられている。

さらに、同年の誕生日に際して、以下のように述べられていた。

「戦時小学生であった私にも、モンテンルパという言葉は強く印象に残るものでしたが、この度の訪問を機に、戦後キリノ大統領が、筆舌に尽くし難い戦時中の自身の経験にもかかわらず、憎しみの連鎖を断ち切るためにと、当時モンテンルパに収容されていた日本人戦犯105名を釈放し、家族のもとに帰した行為に、改めて思いを致しました」

想起と記憶の継承

第三の意義は、過去の歴史の想起と記憶の継承である。陛下は皇太子当時、1981（昭和56）年8月、日本人の忘れてはならない、どうしても記憶しなければならない日として、沖縄戦終結の6月23日、広島原爆投下の8月6日、長崎原爆投下の8月9日、そして終戦の玉音放送の行われた8月15日をあげられている。そして、これらの日に行われる追悼・慰霊の式典の時刻に合わせて、毎年黙禱されておられるが、特に外国御訪問に際して行事の時刻と重複した場合、その予定の変更を希望されるほど、4つの日の追悼にお心を寄せられていた（前掲『天皇家の執事』）。

先ず、両陛下の「慰霊の旅」を通して、「想起」、すなわち多くの人々が過去の歴史を知るようになっていったのである。

例えば、硫黄島は、両陛下の御訪問の翌年（1995〔平成7〕年）、戦後50年を記念して、民間の主催による日米硫黄島合同慰霊追悼顕彰式が行われ、同式典は2000年に再開されて以降、現在ではほぼ毎年3月に挙行されている。

2005年6月小泉純一郎総理大臣が現職として初めて、ついで2010年12月菅直人総理大臣が硫黄島を訪問した。2013年4月には安倍晋三総理大臣が、日本国政府主催戦没者追悼式参加のため訪問し、遺骨収容現場を視察した。その折、安倍総理は、官邸がリーダーシップをとって遺骨収集事業を加速する考えを強調した。それを受けて、3年後の2016年3月には、「戦没者の遺骨収集の推進に関する法律」が制定され、遺骨収集を国の責務と位置付け、2024年度までを戦没者の遺骨収集の「集中実施期間」と定めるとされた。

さらに、2006年、クリント・イーストウッド監督の二部作『父親たちの星条旗』、『硫黄島からの手紙』が公開され、これまでは一般にあまり知られていなかった硫黄島の戦いは広く国民の知るところとなったのである。こうした動きの契機となったのが、まさに両陛下の御訪問であった。

パラオのペリリュー島も、日米の精鋭部隊が激突した激しい戦場であったが、戦後

「忘れ去られた戦場」と言われ、戦史研究者を除いてほとんど知られていなかった。それが、両陛下の御訪問を契機として、多くの日本人が訪問するようになり、さらに御訪問の翌年の２０１６年から漫画「ペリリュー――楽園のゲルニカ」（武田一義）が雑誌に連載され、反響を呼んでいる。第1話は、「この島の存在を知ったのは２０１５年4月」「天皇皇后両陛下の慰霊訪問がテレビを賑わしていたからだ」との書き出しで始まっていたのである。

２０２０年3月には、ペリリュー島の現地に「天皇皇后両陛下御訪問記念」と刻まれた碑が、水戸二連隊ペリリュー島慰霊会によって建立された。正面には、両陛下が拝礼されるお姿、裏には御訪問に際して詠まれた歌が記されている。

フィリピン御訪問では、東京国際空港の御出発に際して、「中でもマニラ市街戦においては、膨大な数に及ぶ無辜のフィリピン市民が犠牲になりました。私どもはこのことを常に心に置き、この度の訪問を果たしていきたいと思っています」と、マニラ市街戦に言及された。

マニラ市街戦への言及は、外国御訪問の際のお言葉として、特定の事件に言及したという点で極めて異例であった。

マニラ市街戦は、１９４５年2月に生起した日米両軍の戦いで、「剣（日本軍の銃剣）と炎（米軍の無差別砲撃）による恐ろしい死」（中野聡「和解と忘却――戦争の記憶と日本・フィリピン関係」平和と和解の研究センター編『平和と和解の思想をたずねて』大月書店、２０１０年）と称され、約10万人の市民が犠牲になったと言われる。

戦争直後、ＧＨＱの提供により各紙に連載された「太平洋戦争史」では、「マニラ、狂乱の殺戮」として取り上げられたが（たとえば、『朝日新聞』１９４５年12月14日）、そこでは、「ここでは全滅の運命にあった日本兵の狂気の如き群は米国人であらうと比島人であらうと男、女、子供の区別なく、やたらに斬りまくり殺害するといふ惨虐を敢てした」と記されていた。

しかし、その後歴史教科書をはじめとして取り上げられることはなかったため、現在、多くの日本人は、南京事件は知っていても、マニラ市街戦は知らないであろう。そうした中、陛下が出発に際しての御言葉として述べられた意味は大きい。すなわち、それは日本国民に向けられたものであり、マニラ市街戦を忘れてはならないと述べられたのであった。

マニラ市街戦の追悼記念碑を建立した市民団体「メモラーレ・マニラ１９４５」（１９

95年創設）の創始者の息子は、陛下の言及について、マニラ市街戦への関心を高める「正しい方向への第一歩」と期待を表明した（『朝日新聞』２０１６年1月31日）。

また、ベトナム御訪問では、先に述べたように、残留日本兵家族と接見することにより、彼らは初めて注目されるようになった。残留日本兵の存在は、一部の日本人の中では知られていたが、戦後も戦争の歴史に翻弄された人々がいることを、ほとんどの日本人は知らなかったのである。

日本の新聞は、この面会を踏まえてベトナム御訪問を、「埋もれた歴史に光を当てる旅」（『朝日新聞』２０１７年3月3日）、「『封印された歴史』に光」（『産経新聞』２０１７年3月3日）と評したのである。

御訪問の年の10月には、残留日本兵の家族14人が訪日、さらに翌年にはＮＨＫのドキュメンタリー番組「遥かなる父の国へ」が放映された。まさに、両陛下の御訪問を契機に、「『止まっていた時計』が動きだした」のであった（小松みゆき『動きだした時計』めこん、２０２０年）。

このように、「慰霊の旅」を契機として、「慰霊」だけではなく「想起」、すなわち、多くの国民が過酷な戦場と激しい戦い、そしてそこで倒れていった多くの人々、戦後人知れず苦労した遺族などに関心を向けるようになっていったのである。

さらに陛下は、「想起」だけではなく、「記憶の継承」を重んじて、折に触れて、決して歴史を忘れてはならないと述べられている。

2006年6月、「私どもはこの歴史を決して忘れることなく、……戦後60年を経、先の大戦を経験しない人々が多くなっている今日、このことが深く心にかかっています」（シンガポール・タイ御訪問前記者会見）と憂慮されていた。

陛下は、パラオ御出発に際して、「太平洋に浮かぶ美しい島々で、このような悲しい歴史があったことを、私どもは決して忘れてはならないと思います」と述べられていたが、「今回のパラオ訪問は、戦争の記憶が風化することへの危機感を、身をもって示した」と評されたのであった（『朝日新聞』2015年4月10日）。

パラオを御訪問された戦後70年の2015年の天皇誕生日記者会見では、「様々な面で先の戦争のことを考えて過ごした1年だったように思います」と振り返られて、以下のように述べられている。

「年々、戦争を知らない世代が増加していきますが、先の戦争のことを十分に知り、考えを深めていくことが日本の将来にとって極めて大切なことと思います」

２０２１年３月には、両陛下のお孫様の秋篠宮悠仁さまが書かれた紀行文「小笠原諸島を訪ねて」が、「第12回子どもノンフィクション文学賞」の中学生の部の佳作に選ばれたが、そこには、「碑（小笠原諸島戦没者追悼之碑）の前で、戦争で亡くなった多くの人々のことを想いながらお花をお供えしました。……戦争のことを学び、当時の島の人々の暮らしを考えることは大事なことだと思いました」と記されていた。このように、戦争を体験されていない若い皇室の方々にも、記憶は受け継がれている。

両陛下の「慰霊の旅」は、「重い歴史を背負った天皇が足を運ぶことで、その土地にしみこんだ記憶が呼び覚まされる。戦争が風化しつつある今こそ、大きな意義があるといえよう」（「社説　天皇の慰霊　戦禍に思いを寄せて」『朝日新聞』２００５年６月27日）、「旅の目的は慰霊だが、それ以上の意義があったのが『記憶の喚起』だった」（『日本経済新聞』２０１５年４月10日）などと評されたのである。

一方、歴史に向き合われる両陛下の根底には、歴史に対する謙虚かつ真摯な姿勢が存在していた。皇太子時代、１９７４年12月のお誕生日記者会見において、以下のように述べられていた。

「（戦前の歴史を批判するのは）歴史家のやることであり、不十分な知識でやるのは良くないと思います。その場にいた人の気持ちはなかなかわからないから、（批判は）無責任なものになりやすい」

さらに、陛下は1996年の天皇誕生日に際して、戦後50年を契機として歴史認識問題が脚光を浴びていたことを踏まえられて、以下のように話された。

「いかなる歴史を正しいこととするかは考え方によって違うことがあると思いますが、常に公正に真実を求めていく努力を失ってはならないと思います」

和解——フィリピン

最後の意義は、戦争により悪化した関係の和解である。それは、フィリピンの御訪問に顕著である。

両陛下による海外における「慰霊の旅」の最後となったのは、2016（平成28）年1月のフィリピンである。それは、国交正常化60周年の国際親善と慰霊を目的とした、天皇として初めての御訪問となった。

戦争末期のフィリピンにおける戦いは、1944（昭和19）年10月から翌45年6月にかけて展開された。日本人の犠牲者数は、約51万8000人（兵士：約49万8600人）で、単一の戦域としては中国を凌駕して最大である。他方、フィリピン人の犠牲者数は、先に述べたマニラ市街戦を含んで、全人口の約7％に当たる約111万人と言われる。日本・フィリピン両国ともに甚大な人的被害が生じ、さらに飢餓、疫病に加えて海没という悲惨な戦争様相から、戦後一時期フィリピンは、「比島」ではなく「悲島」と称されたこともあった。

「慰霊の旅」に関して、サイパンやパラオなど、当時より現在にいたるまで対日感情が良好な国を選んで訪問されているのではといった批判もなされたが、フィリピンは、全く状況が異なっている。したがって、ASEANの原加盟国最後の国として、平成が終わる直前の2016年1月に、御訪問が実現したのであった。

戦争直後のフィリピンは、日本軍による甚大な犠牲が生じたことから、対日感情は憎しみに満ちたものであった。したがって、フィリピンにおけるBC級戦犯裁判は、厳しいものであり、訴追された被告（151人）の内137人（90％以上）が有罪、そのうち79人（約60％）が死刑を宣告された。

その後、このような憎しみから赦し（寛大さ）への転換の嚆矢となったのが、エルピディオ・キリノ大統領である。キリノ大統領は、マニラ市街戦で妻と子供3人を日本軍により殺害されたにもかかわらず、1953年6月、死刑囚56名を含む105名の戦犯全員の恩赦を行った。恩赦の理由を、「私たちは憎しみや恨みの気持ち、あるいは隣人に対する否定的な精神を永遠に持ち続けるわけにはいきません」と語っているが、この寛大な措置は、多くの日本国民に感動をもたらした（永井均『フィリピンBC級戦犯裁判』講談社、2013年）。

徐々にフィリピンの対日感情は、憎しみから赦しへと変化していったが、さらにそれを促進し、大きな転換点となったのが、1962年11月の昭和天皇の名代としての皇太子御夫妻によるフィリピン御訪問であった。沿道には約10万人が繰り出し、現地紙は、「両国の関係は新しい世紀を迎えるであろう」（『マニラ・デイリーブリティン』）、「日比両国間に友好の新時代を開くに違いない」（『フィリピン・ヘラルド』）と伝えたのであった（『毎日新聞』1962年11月8日・11日）。

時は流れ、2015年6月、来日したベニグノ・アキノ大統領は、宮中晩餐会において、「過去に経験した痛みや悲劇は、相互尊重、尊厳、連帯に根ざした関係構築に努めるという貴国の約束によって、癒されてまいりました」と述べた。さらに、衆参両院合同会議における演説でも、「貴国は、過去の傷を癒す義務を果たす以上のことを成し遂げ、真に利他的な意志をもって行動しました」とまで言及したのであった。

対する陛下は、先述の宮中晩餐会において、以下のように述べられていた。

「先の大戦においては、日米間の熾烈な戦闘が貴国の国内で行われ、この戦いにより、多くの貴国民の命が失われました。このことは私ども日本人が深い痛恨の心と共に、長く忘れてはならないことであり、とりわけ戦後70年を迎える本年、当時の犠牲者へ深く哀悼の意を表します」

陛下は、これまでフィリピン大統領を迎えた過去2度の晩餐会（1993年3月フィデル・ラモス大統領、2002年12月グロリア・アロヨ大統領）では、戦争に言及されたことはなく、その時が初めてであった。「天皇」というお立場の方が過去の戦争に言及するのは1回で十分というのが慣例であったため、宮内庁内にも異論があったと言われるが、1958年12月のガルシア大統領訪日時以来、戦後70年ということで再び過去に言及したもので、「異例」のことであった（岩井克己「激戦地　3代の縁　紡いだ友好　鎮魂と感謝両陛下フィリピン訪問」『朝日新聞』2016年1月30日）。

さらに、過去に言及したガルシア大統領に対する昭和天皇のお言葉や陛下が皇太子として御訪問されたマニラにおけるお言葉と比べた場合、具体的に踏み込んだうえで、

「深い痛恨の心」と強い表現をなされたのであった。

2016年1月、両陛下は、国交正常化60周年の国際親善と慰霊を目的として、天皇として初めてフィリピンを訪問される。先に述べたように、御出発に際して、マニラ市街戦に言及されていた陛下は、マニラでの晩餐会において、以下のように述べられた。

「この戦争においては、貴国の国内において日米両国間の熾烈な戦闘が行われ、このことにより貴国の多くの人が命を失い、傷つきました。このことは、私ども日本人が決して忘れてはならないことであり、この度の訪問においても、私どもはこのことを深く心に置き、旅の日々を過ごすつもりでいます」

この文言は、これまでのASEAN諸国への御訪問（タイ、マレーシア、インドネシア）に際しての御言葉が、「先の誠に不幸な戦争の惨禍を再び繰り返すことのないよう平和国家として生きることを決意し、この新たな決意の上に立って、戦後一貫して東南アジア諸国との新たな友好関係を築くよう努力してきました」といった、戦後日本の平和主義の歩みを強調する未来志向であったのに比べ、趣を異にした一歩踏み込んだ表現となっていた（但し、華僑の殺害があったシンガポール御訪問〔2006年6月〕では、「それに先立つ先の大戦に際し、貴国においても、貴い命を失い、様々な苦難を受けた人々のあったことを忘れることはできません」とやや踏み込んだ発言をされた）。

フィリピン人は、しばしば「許すことはできても、忘れることはできない」と口にするが、陛下は、フィリピンが示してきた戦後の寛大さに安住するのではなく、まさに「決して忘れてはならない」と応えられたのであった。

一方、アキノ大統領は、晩餐会において、「こうした歴史の上に、両国は以前よりもはるかに揺るぎない関係を築いてきました。貴国は堅実で有能かつ信頼できるパートナーとして、今日まで我が国民の発展を後押ししてくださっています」と、感謝の意を表したのであった。

上皇后陛下は、陛下の願いとして、「慰霊の旅」は、戦争の惨禍を語り継ぐだけではなく、「フィリピンや韓国、中国との間で、ともによい未来をつくっていくことを考えるきっかけにならなければならない」と語っておられるが、まさに、両陛下が目指されていたのは、慰霊を通した和解という、より深いものを意味していたのであろう（小池政行「皇后が私に明かした『象徴の在り方』」『文藝春秋』２０１８年2月号）。

日本の新聞も、「『戦いに連なるすべての死者の冥福を祈る』」。日本の若い世代に忘れてはならぬ歴史を伝えてきた両陛下の『慰霊の旅』である。今またそれが諸国民との相互信頼の絆となればどんなにいいだろう」と論じていた（「余録」『毎日新聞』２０１６年１月27日）。

日本とフィリピンの両国は、まさに、戦争という苦い過去を乗り越え、新たな協力関係を築き上げることによって、和解のモデルを世界に示しているのではないだろうか。

先に述べたアキノ大統領の来日時、両国間で出された「日比共同宣言」には、以下のように記されていた。

「この70年間の歴史は、ある二つの国の国民が、過去の問題を乗り越え、強固な友好関係を構築するに当たり、そのたゆみない努力によって顕著な成果を達成し得ることを世界に示している」

例えば、シンガポールのＡＳＥＡＮ研究センター（ＩＳＥＡＳ）が、２０１８年にＡＳＥＡＮ諸国の識者に行った各国の信頼度に関する意識調査で、全体では世界の中で日本が最も信頼されており（65・9％。ＥＵ＝41・3％、米国＝27・3％）、フィリピンに関しては、ＡＳＥＡＮで第2位の高さ（82・7％。第1位は87・5％のカンボジア）であった。このフィリピンの結果について、「戦争の記憶」は最早、日比間のアキレス腱（弱点）ではないと分析されていたのである。

両陛下によるフィリピン御訪問は、慰霊のみならず、想起と記憶の継承及び相互の感謝を通して、さらに和解を強化したのであった。日比関係史の専門家である中野聡氏は、「比側の『忘却に対する抗議』に応える重い意味」があり、「日比間で『より質の高い和解』をめざしていくうえでも望ましい」と評価していた（中野聡「天皇フィリピン訪問が意味したこと」『世界』2016年4月号）。和解が達成されるにともない、過去が忘却されつつある中、両陛下の御訪問は、想起、すなわち、再び過去を確認することによって、より熟した両国関係を目指したものであった。

フィリピンでは、陛下が過去へ向き合われたことで両国の絆はさらに強まるであろうといった声が聞かれたが、フィリピン大学のリカルド・ホセ教授は、「対等な関係の構築には、負の歴史にもう一度目を向ける必要がある」との観点から、両陛下の今回の御訪問を、「日比関係の新たなステップ」と評していたのである（『朝日新聞』2016年1月26日）。

おわりに――「慰霊の旅」の意義と評価

陛下は、天皇として最後の天皇誕生日記者会見において、平成の時代に戦後50年、60

年、70年の節目の年を迎え、「平成が戦争のない時代として終わろうとしていることに、心から安堵しています」と述べられたのち、「戦後60年にサイパン島を、戦後70年にパラオのペリリュー島を、更にその翌年フィリピンのカリラヤを慰霊のため訪問したことは忘れられません」と、心に残る第一の出来事として、「慰霊の旅」をあげられた。

以上、考察してきたように、「慰霊の旅」は、単なる「慰霊（追悼）」だけではなく、「戦後の苦悩への労いと感謝」、「想起と記憶の継承」、そして「和解」という4つの意義を有しており、それは時間的・空間的広がりを持つ奥深いものであった。

したがって、それに対する評価も概ね好意的なものが多い。例えば、御厨貴氏は、「天皇のサイパン慰霊の旅は、『歴史の政治化』を超越し、天皇夫妻の『祈る』姿の崇敬さを、あらためて感じさせる行為となった」と指摘していた（御厨貴「なぜ天皇はサイパンに行ったのか――憲法と伝承と大衆民主主義のはざまで」『論座』2005年9月号）。海外の御訪問国でも好意的に受け取られており、パラオでは、両陛下がペリリュー島の慰霊碑に拝礼された4月9日を、「天皇皇后両陛下御訪問日」として、ペリリュー州の祝日とすることが法律で決定されたのである。

もちろん、日本国内には、皇室主導（天皇の強い意向）、政治利用（フィリピン、ベトナム）、

「限界性」（戦争責任）などに関して一部批判も見られる。しかし、戦争中日本により甚大な被害を受けたフィリピンのアキノ大統領は、両陛下がフィリピンを御訪問された晩餐会において、「両陛下にお会いして実感し、畏敬の念を抱いたのは、両陛下は生まれながらにしてこうした重荷を担い、両国の歴史に影を落とした時期に他者が下した決断の重みを背負ってこられねばならなかったということです」と述べていた。

先の大戦において甚大な被害を受けたフィリピンの大統領が、「畏敬の念」という表現で、「慰霊の旅」を続けられる両陛下を讃えたのであった。

【参考文献】

渡邉允『天皇家の執事――侍従長の十年半』文藝春秋、二〇〇九年
川島裕『随行記――天皇皇后両陛下にお供して』文藝春秋、二〇一六年
河相周夫「天皇皇后両陛下フィリピン随行記」『文藝春秋』二〇一六年五月号
河相周夫「天皇皇后両陛下ベトナム・タイ随行記」『文藝春秋』二〇一七年六月号
庄司潤一郎「両陛下『慰霊の旅』の原点としての硫黄島行幸啓」『中央公論』二〇一九年四月号
庄司潤一郎「上皇上皇后両陛下のフィリピン御訪問――『慰霊の旅』の集大成として」『NIDSコメンタリー』第98号（二〇一九年六月六日）

第13章　戦争呼称に関する問題――「先の大戦」を何と呼ぶべきか

庄司潤一郎

本年は、真珠湾攻撃から80年を迎えるが、１９４１（昭和16）年12月８日以降の戦争の呼称は、分裂したままで、「太平洋戦争」「大東亜戦争」「15年戦争」「アジア（・）太平洋戦争」など様々な呼称が使用されている。さらに、その是非をめぐって盛んな議論がなされ、いまだ決着がついていないのが現状である。もちろん、同一の戦争に対する呼称が国家によって異なる事例は散見されるが、国内において戦争の呼称が分かれている例はほとんど存在しない。

呼称に関する現在の政府の見解は、鈴木宗男衆議院議員（無所属、当時）の２件の質問主意書に対する答弁書（平成18年12月８日、平成19年２月６日）で明らかにされており、「大東亜戦争」「太平洋戦争」ともに戦後法令上の定義・根拠はないとされている。

その結果、天皇陛下の「お言葉」、総理大臣の演説・談話など公的な場では、「先の大戦」「今次の大戦」「あの（不幸な）戦争」など曖昧な表現が使われ、また日本新聞協会では、用語について意見交換を行っているが、これまでに戦争の呼称について議論したことはない。

戦後75年を契機に、そろそろ統一的かつ公式の呼称を検討すべきではないだろうか。そこで、本論文では、戦争呼称をめぐる歴史的経緯、各呼称の特色と問題点などについて分析することにより、今後の戦争呼称のあり方について提言したい。

戦争呼称をめぐる歴史的経緯——「大東亜戦争」の禁止と「太平洋戦争」の誕生

「大東亜戦争」の呼称が正式に決定されるまでは、「対米英蘭蔣戦争終末促進ニ関スル腹案」「対米英蘭戦争指導大綱」「対英米蘭戦争ニ伴フ財政金融ノ持久力判断ニ関スル大蔵大臣説明要旨」などの文書に見られるように、想定される交戦相手国の名称を用いた呼称が使用されていた。

開戦後の1941（昭和16）年12月10日、大本営政府連絡会議では、「今次ノ対米英戦争及今後情勢ノ推移ニ伴ヒ生起スルコトアルヘキ戦争ハ支那事変ヲモ含メ大東亜戦争ト呼称ス」とされ、12日の閣議において正式に決定された。ちなみに、「大東亜戦争」は、英語では「Greater East Asia War」と表記された。

呼称をめぐる議論では、海軍側から、主敵は米英で、主戦場は太平洋であるとの観点から「太平洋戦争」「対米英戦争」、他方、より政治的目的を明確にした「興亜戦争」というように各種の案が出されたが、「支那事変」（中国戦線）を含めることを考慮すると適当ではなく、さらにソ連が参戦した場合も想定して、最終的に「大東亜戦争」が採用されたのであった。

閣議決定を受けて同日、内閣情報局は、「今次の対米英戦は、支那事変をも含め大東亜戦争と呼称す。大東亜戦争と称するは、大東亜新秩序建設を目的とする戦争なることを意味するものにして、戦争地域を大東亜のみに限定する意味に非ず」との声明を発表した。

1942年2月28日大本営政府連絡会議は、「帝国領導下ニ新秩序ヲ建設スヘキ大東亜ノ地域」を決定し、「大東亜」の地域を、「日満支及東経九十度ヨリ東経百八十度迄ノ間ニ於ケル南緯十度以北ノ南方諸地域　其他ノ諸地域ニ関シテハ情勢ノ推移ニ応シ決定ス」と規定した。

以上の経過から、大きな問題が生じた。それは、「大東亜戦争」の呼称の由来で、当時海軍が提案した「太平洋戦争」と同様に地域的呼称なのか、もしくは情報局の発表にあるような「大東亜新秩序建設」という戦争目的なのかといった点である。当時大本営参謀であった原四郎（陸軍少佐）は、情報局の発表を聞いて、「情報局は何を血迷ったかというの外はないのである」と当時の感想をのちに記しているが（原四郎「『大東亜戦争』という名の戦争」防衛庁防衛研修所戦史室『大本営陸軍部　大東亜戦争開戦経緯〈1〉〈第65冊付録〉』朝雲新聞社、1973年）、その背景には、自存自衛か大東亜新秩序建設なのかといった戦争目的をめぐる混迷が存在していたのであった。

いずれにしても、戦争目的の不統一が、「大東亜戦争」という用語の是非を焦点とするその後の戦争呼称をめぐる議論にも大きく影響を及ぼしたことは否定できない。

一方、戦争中、「太平洋戦争」が使用される例もあった。ビルマ方面軍司令官であった河辺正三陸軍中将は、1944年7月31日の日誌に、「而して此無謀に類する作戦構想は実は決して Imphal のみならす凡そ今度の太平洋戦争全般か之に属する」と記していた。

また、中国共産党や国民党（蔣介石）も、12月8日の対米開戦後、「太平洋戦争」という語を頻繁に使用している。例えば、開戦直後の12月9日に出された中国共産党中央委員会の宣言は、「中国共産党為太平洋戦争的宣言」と称され、本文でも「太平洋戦争」が使用されていたのである。

終戦後の1945年12月15日、連合国軍最高司令官総司令部（GHQ）は、神道の国家からの分離、神道教義からの軍国主義的、超国家主義的思想の抹殺、学校からの神道教育の排除を目的として、「国家神道、神社神道ニ対スル政府ノ保証、支援、保全、監督並ニ弘布ノ廃止ニ関スル件」との覚書（いわゆる「神道指令」）を日本政府に対して発した。そこでは、「『大東亜戦争』、『八紘一宇』ノ如キ言葉及日本語ニ於ケル意味カ国家神道、軍国主義、超国家主義ニ緊密ニ関連セル其他一切ノ言葉ヲ公文書ニ使用スル事ヲ禁ス、依テ直チニ之ヲ中止スヘシ」とされていた。この覚書にしたがって、官制条文中の「大東亜戦争」の語句もすべて「戦争」に改められた。また、12月20日文部省は次官通達（官総第270号）により、管轄の学校、機関などに対して同覚書を伝達した。

一方政府は、「大東亜戦争」に代わって暫定的に「今次（の）戦争」と置き換えることとしたが、以後公式の呼称は定められず、公的な場においては「今次戦争」のほか、「先の大戦」「第二次世界大戦」などが使用されている。

「神道指令」は公文書を対象としていたが、ほぼ同時にＧＨＱは、新聞・雑誌や出版物に対する規制を強化していった。１９４５年9月19日の「プレス・コード（新聞規約）」に基づき、日本において発行される出版物のすべてがＧＨＱ民間検閲局の事後検閲または事前検閲を受けるとされ、さらに「『大東亜戦争』『大東亜共栄圏』『八紘一宇』『英霊』のごとき戦時用語の使用を避けなくてはならぬ」と規定されていた。

その結果、１９４５年12月7日の『朝日新聞』（朝刊）は、開戦の日を控えて、「真珠湾事件の悔悟」と題した「社説」を掲載、戦後初めて「太平洋戦争」の用語を用いて、「そもそも太平洋戦争は、支那事変から延連し、支那事変は満州事変から発端した」と連続性を強調していた。

さらに、翌12月8日（真珠湾攻撃から4年）から17日まで、ＧＨＱ提供による「太平洋戦争史——真実なき軍国日本の崩壊」が、新聞各紙に連載された。これは、ＧＨＱの民間情報教育局（ＣＩＥ）が準備、参謀第3部（Ｇ－3）の戦史官の校閲を経たものであったが、満州事変から連続した戦争として捉え、太平洋を主戦場として米軍の役割と、南京事件や「バターン死の行進」など日本軍の残虐行為を詳細に叙述した点が特徴であった。こうした解釈は、満州事変からの一連の日本の侵略を、一部軍国主義者の「共同謀議」であるとした極東国際軍事裁判の判決と一致するものであった。特に、「『太平洋戦争』という呼称を日本語の言語空間に導入したという意味で、歴史的な役割を果たしている」と指摘されたのであった（江藤淳『閉された言語空間――占領軍の検閲と戦後日本』文藝春秋、1989年）。

この連載は、翌1946年3月、GHQ民間情報教育局資料提供（中屋健弌訳）『太平洋戦争史――奉天事件より無条件降伏まで』と題して、高山書院から出版された。本書は、10万部を完売、GHQの指導により、学校現場などでも使用が奨励された。

講和により日本が独立したのち、1952年4月11日に公布された「ポツダム宣言の受諾に伴い発する命令に関する件の廃止に関する法律」（法律第81号）では、ポツダム宣言の受諾に伴って発せられた命令は、「別に法律で廃止又は存続に関する措置がなされない場合においては、この法律施行の日から起算して百八十日間に限り、法律としての効力を有するものとする」とされた。日本政府はその後、「大東亜戦争」呼称廃止の覚書に関して、廃止・存続いずれの措置も採らなかったため、現在では既に失効している。

「次善」の呼称としての「太平洋戦争」――アジアでの戦いは？

「太平洋戦争」は、開戦時において海軍が提案したが、それ以前にも1925（大正14）年に出版された日米未来戦記である、ヘクター・シー・バイウオーター（堀敏一訳）『太平洋戦争――日米関係未来記』（民友社）などのように、将来予想される日米間の戦争の呼称として使用される例があった。

戦後は、1945（昭和20）年12月に連載されたGHQの「太平洋戦争史」を嚆矢として、その後1950年代以降定着していった。例えば、家永三郎『太平洋戦争』（岩波書店、1968年）は、「太平洋戦争」を表題とした理由について、厳密には「15年戦争」と呼ぶべきであるが、現在一部では使用されてはいるものの通用性を持っているとは言えず、一方、「太平洋戦争」は、中国戦線を捨象し日米戦争を重視している点で、「完全に科学的客観性をもっているとは言えないが、便宜上、比較級的に不適切性の少いこの名を用いるほかに適切な代案がなかった」と述べていた。さらに、「大東亜戦争」は「断じて不可」であり、「次善の方法として『太平洋戦争』を書名に用いるという、実際的解決方法をとる以外に道がなかった」と結んでいた。

他方、家永とは歴史観が異なる日本国際政治学会が編纂した日本国際政治学会太平洋戦争原因研究部編『太平洋戦争への道』（全8巻、朝日新聞社、1962～63年）は、理由として、以下のように指摘していた。

「慎重に討議を重ねた結果、『支那事変』の代りに『日中戦争』を、『大東亜戦争』の代りに『太平洋戦争』という名称を採用することを決めました。これは、日本側からの一方的呼称よりは、国家と国家との関係から把握する国際政治的呼称によるという見地に立ったものですが、実際にも学術上では War in the Pacific（太平洋戦争）の名称が国際的に行われています」

ユニークなのは用兵思想史家の片岡徹也である。片岡は、中立的な兵学の論理から、クラウゼヴィッツのいう「本戦」は米国との戦いであるにもかかわらず、「大東亜戦争」という呼称は米国が主敵であるとの認識が不十分であり、「太平洋戦争」でよいと主張している。

このようにして急速に日本に広まっていった「太平洋戦争」であったが、問題点も数多く指摘されている。第一に、呼称としての「太平洋戦争」の有する問題点を認識しつつも、「大東亜戦争」を拒否する立場から、「次善の方法」として、「便宜上」やむを得ず「太平洋戦争」を使用していた点である。したがって、多くの「太平洋戦争」支持者が、のちに他の呼称へと変更している。例えば、家永は「15年戦争」を支持、木坂順一郎は「アジア・太平洋戦争」を提唱したが、「太平洋戦争」から呼称を変更した論者の多くはマルクス主義など「進歩派」である。

第二に、対象とする地域の問題である。「太平洋戦争」の場合、米国を敵とした太平洋戦場にのみ焦点が当てられ、より長期間にわたり日本軍を拘束した中国戦場や、英仏蘭などの植民地を戦場とした東南アジアにおける戦いが捨象されてしまうと指摘され、後述する「アジア（・）太平洋戦争」が生まれる要因ともなった。

第三に、対象とする戦争期間の分裂である。一般には、真珠湾攻撃以降終戦までを対象とするが、真珠湾攻撃以前に遡って「太平洋戦争」を使用する例も数多く見られる。GHQの『太平洋戦争史』は、「奉天事件より無条件降伏まで」という副題が物語るように、満州事変以降を対象としており、家永の『太平洋戦争』も同様であった。このように、「太平洋戦争」は、真珠湾攻撃以降のほかに、満州事変以降（「15年戦争」）、「支那事変ヲモ含メ大東亜戦争」の観点から「支那事変」以降、もしくは日中間の戦争は1941年12月以降も継続しているため、中国戦線を除外した専ら対米英蘭戦争を指すといった様々な理解がある。

さらに、歴史学研究会編『太平洋戦争史』（全5巻、東洋経済新報社、1953～54年）は、講和条約発効（1952年）までを執筆範囲としており、終末を延長する例も稀であるが散見される。

第四に、「太平洋戦争」といった場合、世界史上では、1879年から84年のチリとボリビア・ペルーの間、及び1865年から66年のチリ・ペルーとスペインの間、いずれも中南米で生起した二つの戦争があり、こうした先例があるため、国際的には「太平洋戦争」という呼称は誤解を与えかねないといった指摘もなされている。

「大東亜戦争」――地域的呼称か戦争肯定論か

1953（昭和28）年、参謀本部作戦課長という要職を務めた服部卓四郎の執筆による『大東亜戦争全史』（全4巻、鱒書房。1965年、原書房より合本して再刊）が刊行され、戦後初めて「大東亜戦争」を冠した代表的著作となった。

1963年には、作家の林房雄が「大東亜戦争肯定論」を『中央公論』に連載、翌年単行本として『大東亜戦争肯定論』（番町書房）と題して刊行された。林は、ペリー来航以来の欧米列強の侵攻に対する日本によるアジア解放のための「東亜百年戦争」であったとの歴史認識に基づき、「大東亜戦争」はその一環であり最後の集大成であると積極的に肯定した。その観点から、呼称についても、米国の理想は「白い太平洋」の実現で、一方日本のそれは「大東亜共栄圏」の建設であり、「アメリカ人が『太平洋戦争』と呼ぶのは結構だが、それを日本人が――特に学者諸君がそのまま用いるのは歴史の真実を知らぬ偽学者のやることだ。日本人は堂々と『大東亜戦争』と呼んだほうが科学的歴史的である」と主張したのである（林房雄『続・大東亜戦争肯定論』番町書房、1965年）。

林の連載を受けて、哲学者の上山春平は、1964年に『大東亜戦争の意味――現代史分析の視点』（中央公論社）を刊行した。上山は、当時タブー視されていた「大東亜戦争」という用語を敢えて使用した理由として、「大東亜戦争」史観のみならず、「太平洋戦争」史観、「帝国主義戦争」史観、「抗日戦争」史観のいずれも、国家利益と結びついた本質的に「虚偽意識」としての性格を持つ政治的イデオロギーであるにもかかわらず、「大東亜戦争」史観のみ断罪するのは、アンバランスで「二重の錯誤」が生じたと指摘、各史観を相対化することにより、「大東亜戦争」史観にも「対等な権利」が与えられるべきであると主張したのである。したがって、林の全面的な「大東亜戦争肯定論」に対しても、「日本の対中国戦争のねらいは赤裸々な国家利益の追求にあり、アジア民族の解放などということは、ほとんど眼中になかった。『大東亜戦争』を植民地解放戦争とみるよりはむしろ植民地再編成をめざす戦争とみるほうが事実に即している」と批判していた。

その後、「大東亜戦争」は、「大東亜戦争肯定論」を主張する人々を中心に広まっていったが、異なる立場、特に肯定論を否定する立場から使用する識者も散見され、使用する根拠は、多岐にわたっている。第一に、林房雄に象徴されるように、「大東亜戦争肯定論」の立場である。

第二に、「大東亜戦争」が、閣議（大本営政府連絡会議）決定という「合法性」を有している日本の正式な呼称であるとの主張である。さらに、ＧＨＱの「神道指令」による「大東亜戦争」の禁止も、講和により日本が独立したのちＧＨＱの指令は無効になったのであり、「大東亜戦争という名前は、当然復活すべきもので、歴史的に正確な表現である」（前出の原四郎）と主張された。「支那事変」に関しても、同様な根拠から、使用すべきとの見解もある。

第三に、「大東亜戦争」には、イデオロギー的含蓄はなく、単なる地理的呼称で、地域的に戦争の実態によく適合しているとの主張である。例えば、駐米大使、外務事務次官などを歴任した外交官の村田良平は、以下のような理由から、「大東亜戦争」を使用している（村田良平『村田良平回想録（下巻）――祖国の再生を次世代に託して』ミネルヴァ書房、2008年）。

「『大』は英語に訳せばgreater、即ち『東亜』のみでは主として日、中、朝鮮、モンゴルのみを指すことが多いので、『より広義の』東アジアを指すこととしたものであり、中国大陸やビルマでの戦いも考えれば、米国の強制した『太平洋戦争』の用語の方がおかしいのである」

ちなみに、ベストセラーとなった、戸部良一ほか『失敗の本質――日本軍の組織論的研究』（ダイヤモンド社、1984年）は、「戦場が太平洋地域にのみ限定されていなかったという意味」で、「大東亜戦争」を用いると述べている。

さらに、米国の歴史家ジョン・J・ステファンは、地域的観点から、「第二次世界大戦」は「あまりにも広い範囲」、「太平洋戦争」は「あまりにも狭すぎる」ので、「満足すべき用語ではない」として、「いささかきまり悪いものの、『大東亜戦争』という用語がやはり、日本がインド洋や太平洋、東アジアおよび東南アジアで繰り広げようとした戦争を最も正確に表現している」と指摘していた（ジョン・J・ステファン〔竹林卓監訳〕『日本国ハワイ――知られざる〝真珠湾〟裏面史』恒文社、1984年）。

前述した原四郎によれば「大東亜戦争」は、「大東亜の地域において闘われる戦争という意味」で、大東亜新秩序建設を目的とするものではないと指摘、GHQが使用を禁止したのは、「大東亜戦争をもって大東亜新秩序を建設する戦争と誤解したからである」と回想していた（前掲「『大東亜戦争』という名の戦争」）。

「大東亜戦争」を使用する第四の根拠は、善悪は別として、「実体」もしくは「同時代性」があるという主張である。

歴史家の信夫清三郎は、1983年に発表した論文「『太平洋戦争』と『大東亜戦争』」（『世界』1983年8月号）において、「大東亜戦争」の呼称を回避したいがために、「太平洋戦争」を「科学的に必ずしも正確な名称とはいえない」と認識しつつも、「次善の方法」として「便宜的」に使用するのは、「怠慢、怯懦」であると、家永や歴史学研究会編『太平洋戦争史』などを批判した。そのうえで、ドナルド・キーンの論文「日本の作家と大東亜戦争」（Donald Lawrence Keene, "Japanese Writers and the Greater East Asia War," *The Journal of Asian Studies*, Vol.23, No.2, February 1964）を例に挙げ、「大東亜戦争」の使用が戦争の肯定・支持を意味するものではないとし、「戦争の歴史的性質を最も的確に表現し、戦争の実体を最も広く蔽いうるもの」として「大東亜戦争」を用いるべきであると主張した。

この論文は、信夫がこれまでマルクス主義史学の立場で「太平洋戦争」や「15年戦争」を使用してきただけに、国際政治学者の斉藤孝が批判を行うなど学界に大きな反響を及ぼした。

信夫はその後さらに、東南アジア・インドにおける独立運動と日本との関連を「もう一つの太平洋戦争」と位置づけ、「大東亜戦争」を使用する理由として、政府が決定した公定のものであるだけではなく、「大東亜新秩序（大東亜共栄圏）を目的とする戦争」という「歴史的意味」も含蓄しているとまで指摘した（信夫清三郎『「太平洋戦争」と「もう一つの太平洋戦争」』勁草書房、1988年）。当初の侵略戦争史観から、「大東亜戦争」の使用にともない、東南アジア・インドの独立に及ぼした日本の積極的な役割の評価というように、歴史認識も大きく変化していったのである。

また、評論家の松本健一は、「戦争の呼び名は、歴史的であって、後の時代に、その呼び名を変える（たとえば、太平洋戦争と）ことによって、歴史的性格を変えてしまうことは、意味がない。歴史を否定するためにこそ、歴史の歴史的把握が必要である」として、「大東亜戦争」は、「わたしの常用するものである」と述べていた（松本健一『竹内好論』岩波書店、2005年）。

そのほか、「大東亜戦争肯定論」を否定する立場から、「大東亜戦争」を使用する識者も存在する。東南アジア研究者の後藤乾一（『近代日本と東南アジア』岩波書店、1995年）は、「侵略」と「解放」の両義性をこめて、同様に東南アジア研究者の倉沢愛子（『「大東亜」戦争を知っていますか』講談社、2002年）は、「太平洋戦争」では東南アジアの戦争が捨象されるという問題意識から、日本外交史家の松浦正孝（『「大東亜戦争」はなぜ起きたのか』名古屋大学出版会、2010年）は、戦争原因としてのアジア主義の側面を強調する立場から、「大東亜戦争」を使用している。但し、いずれも、肯定論と明確に一線を画すために括弧をつけて、「大東亜戦争」（後藤、松浦）、「大東亜」戦争（倉沢）と表記している。

呼称としての「大東亜戦争」の問題点は、それが有しているとされる「大東亜戦争肯定論」といったイデオロギー性である。「進歩派」の識者を中心とするその使用を否定する人々は、それが含蓄する戦争を美化し肯定する思想を問題にしていた。

例えば、「大東亜戦争」を提唱した信夫を批判した斉藤孝は、信夫と同時代史の認識に大きな隔たりがあると指摘し、「大東亜戦争」という名称は、「占領軍の指令がなくとも、本来日本国民自身が否定すべきものであった」「タブーではなくて、回避したい呼称の一つである」と主張、さらに、「大東亜戦争」は地理的名称との意見に対しては、

「『大』をつけるのは自分を誇示しようとするから」で、「『東アジア』とでもいったらい い」と反論した（斉藤孝「『大東亜戦争』と『太平洋戦争』――歴史認識と戦争の呼称」『世界』1983年11月号）。

同様に、外国、特に近隣諸国では、「大東亜戦争」は戦争や植民地支配を正当化するものとして負のイメージを抱かれており、その使用を問題視している。また、閣議決定という「合法性」や「同時代性」に関しても、現在定着している戦争の呼称の多くは普遍的な固有のものではなく、後からつけられたものであり、時代の流れとともに変化するのが自然であるといった指摘もなされた。

栄枯盛衰の「15年戦争」

「15年戦争」の呼称を初めて使用したのは、哲学者の鶴見俊輔である。『中央公論』1956（昭和31）年1月号の「知識人の戦争責任」において、「十五年戦争（一九三一～四五年）」の用語を冒頭で使用、同じ『中央公論』同年7月号の「日本知識人のアメリカ像」において、「今度の大戦争を、日本人は二部に分けて、満州事変、上海事変、北支事変の系列は中国にたいする戦争、太平洋戦争はアメリカにたいする戦争として理解し、あとの部分がまずかったと評価している。このように戦争をわけてとらえることで、戦争の責任がぼかされてしまっている」との問題意識から、「昭和六年から昭和二十年にわたる一シリーズの戦闘を、一つのものとして名づける方法を、現代史家に望みたい」と述べていた。

一般に普及する契機となったのは、1968年に刊行された家永三郎『太平洋戦争』を通してである。家永は、「柳条溝《ママ》事件から降伏にいたるまでの、日本と諸外国との連続した、一連不可分の戦争」を「十五年戦争」と称していた。

しかし、家永自身が本の表題を「太平洋戦争」とせざるを得なかった例が示すように、1970年前後は「15年戦争」はいまだ一般性を有していなかったが、その後、「15年戦争」の使用は広まっていき、教科書にも掲載されるようになっていった。ちなみに、教科書で最初に「15年戦争」を使用したのは、家永の『新日本史』(三省堂、1974年)であった。

こうした「15年戦争」は、第一に、日本のアジアに対する侵略が一貫した意図のもとに遂行された点、第二に、前の戦争が生み出した矛盾が新たな戦争を引き起こすというように、三つの戦争(「中国東北戦争」〔引用者注:満州事変〕、「日中戦争」、「アジア・太平洋戦争」）が密接不可分である点、第三に、15年に及ぶ中国の抗日民族解放闘争が三つの戦争を連続させる最大の力となっていた点を強調する歴史認識が大きな特色であった（木坂順一郎「アジア・太平洋戦争の呼称と性格」）。

一方、これらと異なる立場の論者でも、「15年戦争」を使用する例が見られた。歴史家の伊藤隆は、『日本の歴史　30　十五年戦争』（小学館、1976年）を刊行したが、「十五年戦争」と冠した理由について、「十五年間のこの時期に、日本人が戦争しかしていなかったというわけではない」と注釈を付けたうえで、「一九三〇年代から四〇年代前半の時期は、動揺の時代であった。戦争は動揺の最大のものであった。『十五年戦争』というのはそういう意味である」と述べていた（ちなみに伊藤は、真珠湾攻撃以降は、「太平洋戦争」としている）。北岡伸一も、「進歩派」の主張するイデオロギー的な意味づけである「一貫した侵略」ではなく、「一貫した麻痺」を回復できなかったという点で、「十五年戦争」と称することは妥当であると指摘している（岡崎久彦編『歴史の教訓――日本外交・失敗の本質と21世紀の国家戦略』PHP研究所、2005年）。

「15年戦争」に対しては、疑問や批判も呈せられた。第一に、三つの戦争を連続して捉えることの是非で、「15年戦争」と一括すると、戦争を回避もしくは抑止する様々な選択の可能性を見落とす危険があるのではないかと批判されたのである。例えば、歴史家の臼井勝美は、「15年戦争」が提起する戦争責任の重要性には基本的には同意するとしながら、満州事変以降を戦争期として一括することは無理があり、「満州国成立以後も、日中間には幾つかの岐路があり、そのいずれを選ぶことによって戦争へ突入したと見たい」と、満州事変から日中戦争への連続性に疑問を呈していた。さらに、臼井は、「15年戦争」というのであれば、1931年から45年ではなく、1937年から51年が適切で、したがって「太平洋戦争」は、1941年から51年まで続いたとする「太平洋戦争一九四一～五一年」説を提唱している。すなわち、「15年戦争」の起点は日中戦争の勃発で、「太平洋戦争の終結は、日露戦争がポーツマス講和条約の締結で終るのと同じように、一九五一年のサンフランシスコ講和条約、日米安保条約の締結まで待たなければならないとするべきではなかろうか」というのである（臼井勝美『中国をめぐる近代日本の外交』筑摩書房、1983年）。

第二に、満州事変以降を対象とした点に象徴されるように、東京裁判で提示された歴史認識を「正義の裁き」「文明の裁き」と看做《みな》し、ほぼ追認した点が問題であると批判された。こういった批判は、いわゆる「東京裁判史観」を批判する「保守派」だけではなく、日本の戦争責任に向き合うべきとする「進歩派」からもなされた。

第三に、具体的な戦争期間の問題である。秦郁彦は、満州事変から終戦までは「十三年十一か月で、切り上げても十四年にしかならない」と批判した（秦郁彦『昭和史を縦走する』グラフ社、1984年）。これに対しては、「満」か「足かけ」かの違いであり、問題ないとの反論もなされた。ちなみに、中国では、「抗日戦争」と公式には呼称するが、盧溝橋事件以降を「八年抗戦」、近年、柳条湖事件以降も含めて「十四年戦争」との呼称も使用されているが、「15年」という字句は使われていない（庄司潤一郎「日中間の戦争の呼称をめぐって」）。しかし近年、「アジア（・）太平洋戦争」を使用する研究者には、「15年戦争」論に依拠する研究者が多かったため、「15年戦争」から「アジア（・）太平洋戦争」へと移行し、加えて問題点や異論も呈されたことから、一時よく使われた「15年戦争」の使用は減少しつつある。

「アジア（・）太平洋戦争」の普及と混迷

「アジア・太平洋戦争」を活字として初めて使用したのは、国際政治学者の柳沢英二郎で、1985（昭和60）年2月に加藤正男との共著で刊行された『現代国際政治　'40s－

'80s』（亜紀書房）の小見出しにおいてであると言われている。その趣旨は、「日米戦争は西太平洋の覇権をめぐる闘いとしての『太平洋戦争』」であったが、「日本にとっては、日米戦争はアジア（東南アを含む）勢力圏確立のための手段であり……したがって、『アジア・太平洋戦争』という呼称が、国際政治史上はもっとも適当」であるというものであった（前掲「アジア・太平洋戦争の呼称と性格」）。

1985年8月、木坂順一郎が、「アジア・太平洋戦争」を正式に提唱した。木坂は、「太平洋戦争」は米国が命名したもので中国戦線の比重を過小評価する恐れがあり、「大東亜戦争」は日本の侵略を正当化するため、二つの呼称を回避し、「東アジアと東南アジアおよび太平洋を戦場とし、第二次世界大戦の一環としてたたかわれた戦争という意味と、日本が引起こした無謀な侵略戦争への反省をこめて、この戦争を『アジア・太平洋戦争』と呼ぶことにしたのである」と述べている（木坂順一郎「『大日本帝国』の崩壊」歴史学研究会・日本史研究会編『講座日本歴史　10　近代4』東京大学出版会、1985年）。「アジア・太平洋戦争」の呼称はその後広まっていき、1993（平成5年）年1月には、表題に使用した最初の単行本である森武麿『日本の歴史　20　アジア・太平洋戦争』（集英社）が刊行された。

近年では、特に「進歩派」を中心として、「太平洋戦争」や「15年戦争」から「アジア（・）太平洋戦争」に変更する例が見られる。さらに、細谷千博、等松春夫、細谷雄一、井上寿一など、イデオロギーではなく地域的側面を重視する立場からも使用されており、広く普及しつつある。

「アジア（・）太平洋戦争」の問題点は、第一に、定義、すなわち対象とする期間と表記の不統一である。対象とする期間について、最初の提唱者である木坂は、「中国東北戦争、日中戦争およびアジア・太平洋戦争という三つの戦争を一五年戦争と総称する」とし、「アジア・太平洋戦争」は、「15年戦争」の第3段階に当たり、真珠湾攻撃以降を対象としていた。すなわち、「アジア・太平洋戦争」は、「15年戦争」に対応、もしくは対立する用語ではなく、その一部分であった。

多くの識者は木坂の概念と一致しているが、木坂自身が「アジア・太平洋戦争という呼称を使う論者の中に、日中戦争を含めて使用する例が散見されるが、日中戦争時に日本は太平洋では戦っておらず、このような使い方は誤用である」と注記するように（木坂順一郎「アジア・太平洋戦争再論」『戦争責任研究』第50号、２００５年冬季）、例外も存在していた。

例えば、「アジア・太平洋戦争」を初めて使用した柳沢は、日中戦争以降を対象としており、真珠湾攻撃以降は、「対米＝太平洋戦争」と称していた。纐纈《こうけつ》厚は、「『先の大戦』という言葉を使うとき、それが指しているのは、特に満州事変以後から日本の敗戦に至るアジア太平洋戦争」、「『日中一五年戦争』（一九三一～四五）と『太平洋戦争』（一九四一～四五）を同時に把握する『アジア太平洋戦争』（一九三一～四五）」というように、満州事変以降を対象としている（纐纈厚『日本政治史研究の諸相――総力戦・植民地・政軍関係』明治大学出版会、2019年）。

また、『岩波講座アジア・太平洋戦争』（全8巻、岩波書店、2005～2006年）は、「戦闘の時間・空間に限定せずに、帝国―植民地の関係を見据え、『戦時』に止まらず『戦後』をも考察の射程に入れる」との問題意識から、「アジア・太平洋戦争」を、真珠湾攻撃以降の狭義の意味から広義に再定義して使用するとして、満州事変～終戦を中心に、その前後をも広く包含したものとなっている。したがって、「15年戦争」に対しても、戦後をも対象とするため、「時期を明確に限定した呼称には慎重にならざるを得ません」と否定的であった。

特に、「アジア（・）太平洋戦争」の支持者の多くが、同時に「15年戦争」にも共鳴していたため、両呼称の関連が混乱を招き、日中戦争以降、さらには満州事変前にまで対象を遡る例も散見されたのである。

そのため、当初は歴史家の今井清一のように、「アジア（・）太平洋戦争」という呼称は、「まだ熟しておらず、対米英宣戦以降の戦争よりも十五年戦争全体を指すと考える人が多い」との理由から、使用を避け、問題点は認めつつ「日中戦争をも含むということを強調したうえで太平洋戦争という呼称を用いる」といった指摘もなされた（今井清一「十五年戦争論」藤原彰・今井清一編『十五年戦争史　1』青木書店、1988年）。

表記についても、「アジア・太平洋戦争」は、中黒を取って「アジア太平洋戦争」とされることもあり、近年後者が増しつつある。その背景には、字数、趣味といった問題ではなく、アジアでの戦いと米国との太平洋の戦いは一体・密接不可分な関係にあったとの「連続性」を強調する観点があり、中黒を取って「アジア太平洋戦争」が使用されている。

例えば、纐纈厚は、一貫して「アジア太平洋戦争」を使用しているが、その理由について、中黒をつけると、「日中一五年戦争」と「日英米戦争」を「二つの戦争」として把握することを強調する懸念があり、「〝二つの戦争〟論を修正し、『一つの戦争』論を説くために、〈・〉を付さない表記を勧めてきた」と述べている（前掲『日本政治史研究の諸相』）。

これまでの地域の関連性ではなく、満州事変以降一連の戦争の一体性を重視する観点から、中黒を除いた「アジア太平洋戦争」に新たな意味づけを加えたのであった。

一方、木坂は、アジア戦線の持つ意味を強調するためにも、中黒を付して「アジア・太平洋戦争」という表記にすべきであると指摘している（前掲「アジア・太平洋戦争の呼称と性格」）。

このような現状に対して、中村政則は、「一体いつからいつまでの戦争をアジア太平洋戦争と呼ぶのか、その表記はどうするのか、この点を整理しない限り、歴史教育の現場は『混乱』するであろう。……どこかで納得のいく説明をおこなったほうがいいと私は考える」と述べている（「近現代　一　総論」『史学雑誌』第116巻第5号、2007年5月）。

他方、佐々木啓は、「アジア（・）太平洋戦争」はこれまでの呼称の難点を克服する重要な観点を含んでいるとしたうえで、「決して完全なものではない。その意味で、他の歴史用語と同様、呼称としてふさわしいかどうか、常に検証され、更新されていく宿命を背負ったものということができよう」と指摘していたのである（佐々木啓「吉田裕『アジア・太平洋戦争』――アジア・太平洋戦争を読む」『歴史評論』第829号、2019年5月）。

第二に、こうした相違の背景に見られる、その歴史観やイデオロギー性である。「アジア（・）太平洋戦争」は、アジア及び太平洋における日本の政策の「連続性（一貫性）」と「侵略」を強調する歴史観が含蓄されている。こうした見解には、「15年戦争」に対してなされたのと同様な反論がなされた。

その点に関連して、戦争の始点についても不統一のままである。日本においては、戦争及び「侵略」の始点をめぐって長い間論争が続いており、未だ決着していない。したがって、家永三郎は、論題を「一九四五年に終る戦争の名称」（『歴史地理教育』第４４６号、１９８９年９月）と表記し、『朝日新聞』（２０１５年４月18日）は、世論調査の質問において、始点は特定せず、「今から70年前の昭和20年、１９４５年に終わった戦争」といった表現を使用していたのである。

興味深いのは、「大東亜戦争」の使用の是非をめぐる議論が「保守派」（戦争肯定の色彩が強い）と「進歩派」（侵略戦争史観）の間でなされてきたのに対して、「アジア（・）太平洋戦争」をめぐっては、それが「進歩派」の間で行われている点である。いずれにしても、この背景にイデオロギーや歴史観が関係しているのは否定できない。

第三に、「アジア」の概念の曖昧さである。例えば、作家の池澤夏樹は、「今の日本ではアジア・太平洋戦争と呼ぶのが一般的らしい。しかしアジアはちょっと広すぎないか？　アフガニスタンやトルコまで戦域だったわけではない」（「土地の名・戦争の名　呼称の困難について」『朝日新聞』２０１０年8月3日付夕刊）と指摘したが、日本は、東アジア及び東南アジアで主に戦ったのであり、「アジア」では不適当ではないかといった批判もなされた。

確かに、「アジア」といった場合、一般的には、ユーラシア大陸の東の部分及び日本などそれに付随する島々を指し、ウラル山脈、カスピ海、黒海、ボスポラス海峡、ダーダネルス海峡が境界とされる広大な地域を意味している。

さらに、加藤陽子は、満州事変以降時系列的な観点から、「アジア（・）太平洋戦争」と呼ぶのは理解できるが、地理的・空間的には違和感があると指摘している。すなわち、１９３０年代当時、「太平洋」の地域概念には、日本、中国、満州、ソ連のほか、植民地帝国の本国とその植民地の島々・地域（蘭印、仏印、フィリピン、ビルマなど）が含まれており、その意味あいが損なわれてしまうというのである（加藤陽子「太平洋戦争を今、考える意味」『平成23年度戦争史研究国際フォーラム報告書』）。

「第二次世界大戦」「昭和戦争」など

「第二次（世界）大戦」は、世界的に広く認知された用語である。斉藤孝は、「『大東亜戦争』はタブーではなくて、回避したい呼称の一つ」としたうえで、その代わりは、「『第二次世界大戦』か『太平洋戦争』でよいと思う。これらの語には特に価値判断が含まれてはいないからである」と述べている（前掲「『大東亜戦争』と『太平洋戦争』」）。すなわち、「第二次（世界）大戦」を、「太平洋戦争」と「大東亜戦争」の対立を踏まえて、イデオロギー的に無価値な点と国際性から評価しているのである。

他方、問題点も指摘されている。特に、欧州の戦争とのイメージが強く、日本が直接関係した戦争の特殊性（日本人の主体性）を論ずるには不適当であるとの指摘もなされている。また、「第二次世界大戦」は、１９３９（昭和14）年9月のドイツによるポーランド攻撃により始まったというのが通説であるが、日本の真珠湾攻撃と起点が一致しておらず、むしろそれは正確には、独ソ戦、真珠湾攻撃をへて文字通り世界大戦になったのであるから、「第二次世界大戦」は１９４１年12月8日からの戦争を指すのが正しいといった見解もある。

日本では、例えば、「応仁の乱」「文永・弘安の役」など、過去の国内での戦争が元号で呼ばれる例が多い。そのため、『読売新聞』は、2006(平成18)年8月13日、連載企画「検証・戦争責任」の総括として、いずれの呼称も将来にわたる恒久性がないことから、「満州事変、日中戦争、日米戦争にいたる一連の戦争」を、「昭和戦争」と呼称することを提唱した。

『読売新聞』では、その後「社説」をはじめ「昭和戦争」の呼称を使用したが、ほかのマスコミや教科書に普及することはなく、同紙でも近年は「太平洋戦争」と併用する傾向が見られる。

一方、歴史家の藤村道生は1996年、戦争の有する「侵略」と「解放」の両義性、さらに原爆、シベリア抑留などの日本人の被害をも包含した意味を考慮し、「戦争の今までタブーとされてきたこの側面を解明し、朝鮮・ヴェトナムの両戦争がこの戦争と有機的関連を持つことが解明された時にも対応できるよう、八・一五以後も展望」できる「昭和大戦(当時は大東亜戦争と呼称した)」の呼称を提唱している(藤村道生「提言『昭和大戦』という呼称の提案」『軍事史学』第32巻第3号、1996年12月)。

世界史上では、交戦国名、交戦地域、及び戦争の期間などに由来して戦争の呼称がつけられている。主な交戦相手国といった戦争の実態、理念や実質的な利害対立といった戦争の特質の観点から、日本にとっての主な対象国の国名に因んで、「日米戦争」（入江昭）、「日英戦争」（細谷千博）、「日英米戦争」（塩崎弘明）といった呼称がなされている。しかし、入江は、「日米戦争」と同時に「太平洋戦争」を併用、最近では、「アジア・太平洋戦争」を使用している。

交戦地域については、「太平洋戦争」の地域的問題点を克服する呼称として、「アジア（・）太平洋戦争」のほか、「東南アジア・太平洋戦争」（西田勝）、「東アジア・太平洋戦争」（石関敬三）、「東アジア戦争」（小浜逸郎）、「大東亜・太平洋戦争」（保阪正康、佐藤誠三郎）、「東亜・太平洋戦争（the East Asian and Pacific Conflict）」（P・カルヴォコレッシー、G・ウィント、J・プリチャード〔八木勇訳〕『トータル・ウォー――第二次世界大戦の原因と経過（下）大東亜・太平洋戦争編』河出書房新社、1991年）などがある。

一方、英国などヨーロッパでは、異なった見解がみられる。英国の歴史家クリストファー・ソーンは、日米間で使用されている「太平洋戦争」では、「戦争の地理的・地政学的側面の性格づけが、とくにその広範囲にわたる影響に関してはほとんどなされていない」と指摘、戦争は基本的には英国と日本との戦い（前述の「日英戦争」と共通の認識）で、米国は日本や中国ではなく英国との関係から戦争にいたったとの観点から、「極東戦争」（the Far Eastern Conflict）との呼称を提案している。また、「極東」という呼称は、英国・ヨーロッパ中心の世界観から生まれたとの批判を当然受けるであろうとしつつ、そのため当時日本が、「極東戦争」ではなく「大東亜戦争」と呼称したのは理解できると述べている（クリストファー・ソーン〈市川洋一訳〉『太平洋戦争とは何だったのか』草思社、1989年）。

興味深いのは、家永の『太平洋戦争』は、米英両国で翻訳出版されたが、米国ではThe Pacific War、英国ではJapan's Last War、まさに日本の「先の大戦」と題されていたことである。このように、英国などヨーロッパにとっては、米国が主役であった「太平洋戦争」を忌避する傾向が強いと思われる。

戦争の継続した期間に因んで付けられた呼称も、「15年戦争」のほかにもいくつかあるが、対象とする期間、始点や終点が各々異なっている。「東亜100年戦争」は、前述の林房雄が『大東亜戦争肯定論』において使用したもので、ペリー来航前後から終戦までの、アジアに侵攻してきた白人勢力に対する日本の反撃と抵抗を意味している。

一方、全く逆の日本のアジアに対する一貫した侵略を強調する人々からは、「50年戦争」（本多勝一。日清戦争〜）、「70年戦争」（丸山静雄。台湾出兵〜）、「100年戦争」（木元茂夫。日清戦争～自衛隊のＰＫＯ派遣）などが提唱されている。

おわりに――原点としての「大東亜戦争」への回帰

日本では、開戦時の戦争目的の不統一、戦後の米国による占領政策、そしてその後の日本国内における戦争を中心とする近現代史に関する歴史認識の「政治化」の影響を受けて、様々な呼称が使用され、その是非をめぐって盛んな議論がなされている。そのため、ほとんどの呼称はイデオロギー的色彩を帯びる結果となっている。

一方、国際性があり、かつ無価値の「第二次（世界）大戦」に対しては、日本の戦争を語る場合、時間的・地域的問題点のほか、「感覚的」にも違和感があるといった指摘が根強い点も否定できない。

また、新たに呼称を定めることは、『読売新聞』が提唱した「昭和戦争」が普及しなかったことからも明らかなように、極めて難しい。

さて、12月8日以降の戦争を何と呼ぶべきであろうか。「太平洋戦争」は、新聞・雑誌、教科書など広く一般に普及しているものの、地域的問題がある。「太平洋戦争」は、名称から太平洋を戦場とする日米間の戦争とのイメージが強く、そのため、近年では

「進歩派」を中心として「アジア(・)太平洋戦争」に変更する例が顕著である。「アジア(・)太平洋戦争」は、地域的適合性、「太平洋戦争」や「大東亜戦争」と異なり新鮮味がある反面、やはり、「大東亜戦争」とは逆のイデオロギー性を有しており、結果として何よりも表記や定義が統一されておらず、歴史用語として熟しているとは言い難いのが実状である。

「大東亜戦争」は根強く使用されているが、地域的適合性、「同時代性」、閣議決定という一定の「合法性」といった長所の反面、イデオロギー性という印象を免れがたい。一方、「大東亜戦争」の使用を批判する人々は、それが含蓄する戦争を美化し肯定する「虚偽の」思想を問題にしていたが、「大東亜戦争」の由来が、「大東亜新秩序の建設」という政治目的ではなく、単なる地理的呼称であるとするならば、イデオロギー色のない呼称ということになる。開戦前に海軍が提唱した「太平洋戦争」が、地域的要因から最終的に「大東亜戦争」に決まったのと同様に、現在では、「太平洋戦争」が「アジア(・)太平洋戦争」に改められており、そのことは、皮肉な見方をすれば、逆に「大東亜戦争」の呼称が正しいことを示していると言えよう。

肯定論を批判する研究者でさえ、「大東亜戦争」も、「よりひろい東アジアを戦域とする戦争」という「地理的理解」も並記すれば、「アジア（・）太平洋戦争」提唱の趣旨とほとんど変わらなくなり、「『大東亜』をたんなる戦域と読みかえてしまえば、批判と対立の論理的な根拠は失われるのかもしれない」と述べているのである（岡部牧夫「アジア太平洋戦争」『戦後日本　占領と戦後改革　1』岩波書店、1995年）。

結局のところ、戦争肯定という意味合いではなく、相対的に最も適切な呼称は、原点に戻って、「大東亜戦争」に落ち着くのではないだろうか。

【参考文献】
木坂順一郎「アジア・太平洋戦争の呼称と性格」『龍谷法学』第25巻第4号（一九九三年三月）
安井三吉「『十五年戦争』と『アジア太平洋戦争』の呼称の創出とその展開について」『現代中国研究』第37号（二〇一六年五月）
庄司潤一郎「日本における戦争呼称に関する問題の一考察」『防衛研究所紀要』第13巻第3号（二〇一一年三月）
庄司潤一郎「戦争呼称としての『アジア（・）太平洋戦争』の再検討」『NIDSコメンタリー』第107号（二〇一九年一〇月一七日）
庄司潤一郎「日中間の戦争の呼称をめぐって――何と呼ぶべきか」『NIDSコメンタリー』第79号（二〇一八年七月四日）

第14章　帝国日本の政軍関係とその教訓

兼原信克

大日本帝国における政軍関係は、圧倒的な軍事偏重であった。その弊害は逆の意味で今日に及ぶ。

２０１３年末に国家安全保障会議が立ち上がり、戦後70年にして漸く総理大臣の政治主導の下で外交と軍事が統合され、総理が有事に国家と国民を指導する体制が立ち上がった。その要諦は、一旦有事となったときに、総理大臣が戦争の大義を内外に明らかにし、国民を一つにまとめ、外交と軍事を統括し、更に、財政、経済に目配りしながら、軍を厳しく統制して、日本を勝利に導き、国民を守り抜き、和平に導くことにある。国家安全保障会議の眼目は、シビリアンコントロールの貫徹である。しかし、日本政府は、久しくそのような伝統を持たない。

戦前の大日本帝国では、軍が暴走した。特に満州事変以降、総理の責任であった「国務」（政治、外交、財政などの政府の仕事）と天皇陛下直属とされた「統帥」（軍事作戦指揮）が完全に分断され、シビリアンコントロールは自死して軍の暴走を招いた。そうして、尊い３００万の同胞の命が消えた。

戦後の日本では、振り子が逆にふれすぎた。羹《あつもの》に懲りて膾《なます》を吹くように、自衛隊という虎を檻に入れる議論だけが満ち溢れ、いざ有事という時に檻から出した虎をどうコントロールするかという真剣な議論は置き去りにされてきた。日米同盟下でもたらされた戦後70年の泰平の世は、国民から現実主義的な安全保障感覚を奪い、国会、メディアの安全保障論議は、東西冷戦が国内に構造化された「55年体制」（自由民主党と日本社会党の対峙構造）下での不毛なイデオロギー闘争に終始した。

満州事変以降、帝国政府は、政治、外交、財政、経済等の「大きな政府」の諸政策と軍の作戦運用をバランスよく図るという国家根幹の機能を失った。その後遺症は、戦後も続く。今日に至るまで、日本政府は、政軍関係のバランスが悪すぎる。

本稿では、本来あるべき政軍関係の姿が如何なるものかという観点から、戦前の歴史を批判的に振り返ってみたい。以下、先ず初めに、あるべき政軍関係の持つべき要素として、政治指導の確立、国務と統帥の統合、外交戦略と軍事戦略の論理的整合、職業軍人の政治的中立という4つの問題を取り上げて、その重要性を指摘したうえで、満州事変以降の日本の歩みを概観、検証する。そして、最後に、国家安全保障会議への歴史の教訓をいくつかの提言にまとめたい。

政治指導の確立——弱すぎた昭和前期の政治指導

健全な政軍関係の大前提は、政治指導の確立である。有事に臨んで、国民は、興奮し、また、不安になる。有事にこそ強力な政治指導が必要になる。政治指導者が弱く、軍の専横がまかり通る国は、有事に及んで混乱し、政府は瓦解する。

『孫子』は、その冒頭の計篇で、有事に考慮すべき5要素として「道、天、地、将、法」を挙げる。天（気象）、地（地形）、将（将軍）、法（軍制）に加えて、「道」を挙げるところが孫子の天才戦略家たる所以《ゆえん》である。孫子は、道とは、「民をして上と意を同じくせしむるものなり。故にこれと死すべくこれと生くべくして、危《うたが》わざるなり。」と述べる。

チャーチル英首相は、第二次世界大戦勃発後、オランダ、ベルギー、フランスが次々と屈服してしまい、しかも、ソ連はドイツと不可侵条約を結んでおり、米国は孤立主義のくびきから抜けきれないという絶望的な状況の中で、ただ独りヒトラーと戦う道を選んだ。国民は、チャーチルの果断に従った。ベトナムのホーチミンは、フランスが敗退した後、後を襲って入ってきた超大国、米国と戦い抜き、３００万人の同胞の命を犠牲にして独立を勝ち取った。自由と独立、隷従の否定という大義が明らかであり、守るものが明確であったからである。

軍部主導に偏った日本の戦争指導では、アジアの解放、資源の確保、大東亜経済圏の確立、援蔣ルートの遮断など、高邁な理想と狭隘な軍事的利益が無造作にごちゃごちゃにされ、また、鬼畜米英などといった野卑な戦争宣伝の文句が躍ったが、大東亜戦争に際し国民を纏め続ける大義を内外に掲げることができなかった。

国務と統帥の統合――統帥権の独立という愚

大日本帝国は、憲法体制、統治機構に根本的な欠陥があった。明治憲法は、統帥権を天皇陛下に直属させた。それ自体は、形式的な話であり、根本的な欠陥というわけではない。陛下には、直属の宮廷幕僚も、宮廷官僚もいない。権威は高いが、実権の薄い立憲君主なのである。君主を醜い争いごとから遠ざけるのは、王統を守る立憲君主制国家の英智である。

問題は、陛下の統帥権と総理大臣の国務を、実際の実務の上で総合調整する機能が政府内部で働かなかったことにある。本来、統帥権は、天皇陛下から大本営に落ち、大本営の中で陸軍参謀本部と海軍軍令部が統合作戦を練り上げ、内閣の下にある陸軍省、海軍省がその意を汲んで、総理が主宰する内閣において外務、大蔵、商工等の他省庁と必要な軍政事項を調整する仕組みとなっていた。

しかし、実際には、理屈通りには動かなかった。まず、陸海統合作戦を担当するはずの大本営は、実は仮設の組織であり、日清戦争、日露戦争、日中戦争から太平洋戦争の際に設けられただけである。実権は余り無く、特に、30年代以降は、陸海軍がバラバラに動くことを止められなかった。

軍の専横を決定的にしたのが、統帥権の独立という愚かな憲法論議である。ロンドン海軍軍縮条約後には、海軍内の艦隊派が、国際協調を重んじる海軍内の条約派や外務省と対立し、「政治・外交主導での海軍艦艇の削減は天皇陛下の統帥権を犯すものである」という論陣を張った。海軍の利益を守るために陛下の名前を騙ったのである。帝国議会の野党政友会は、浜口首相への攻撃材料として統帥権独立の議論を強く支持した。それ以降、総理が主宰する国務（政治、外交、財政、経済等）の政策的議論の枠内に、軍の作戦運用を収めることが出来なくなった。軍を監視する最強の組織であるべき帝国議会が、軍を野放しにする憲法論の論陣を張ったのである。

日中戦争、太平洋戦争が始まると、戦争遂行の実務上、国務と統帥の総合調整の機関が必要となった。近衛文麿内閣、東条英機内閣下で設けられた大本営政府連絡会議（後の最高戦争指導会議）がそれである。今の国家安全保障会議に匹敵する。しかし、統帥権独立の誤った憲法論は軍の発言力を大きくし、また、広田弘毅内閣で復活した軍部大臣現役武官制度によって、陸海軍が大臣を内閣から引き揚げると言えば、容易に倒閣できる仕組みとなっていた。大本営政府連絡会議で、政府側が軍の意向に逆らうことは難しかった。軍によるテロ事件や二・二六事件のような革命騒ぎもあった。

日清戦争、日露戦争までは、日本は、曲がりなりにも国家として統一した意思をもって戦争を戦っていた。伊藤博文初代総理は、日清戦争の勝利に際し、直隷平野決戦や北京陥落などの大陸への深入りを避けて、台湾割譲を受けて戦争を終わらせ、「北守南進（ロシアへの守りを固め、国運の発展を南方に追求する）」の国家戦略を貫いた。後の陸軍大将川上操六が、陸海軍の統合作戦を担った。陸奥宗光外相が、講和をまとめ上げた。桂太郎首相は、元老山縣有朋の支援を受けて、日露戦争に辛勝した。東郷平八郎、大山巖、児玉源太郎、乃木希典という名将、名提督に恵まれ、小村寿太郎外相は、日英同盟の庇護の下で米国の介入を勝ち得て、講和を実現した。

しかし、20年代に西園寺公望を除くほとんどの元老が死んだ後、明治憲法体制は、その脆弱性をさらけ出した。大日本帝国は、国家の意思を纏めることが出来ず、帝国政府と大本営もバラバラのまま、そして帝国陸海軍同士もバラバラのまま、まるで積み荷が崩れるようにして日中戦争、太平洋戦争に突入したのである。

外交戦略と軍事戦略の論理的整合——軍事戦略しか残らなかった昭和前期日本

国家は、統一された意思を持たねばならない。特に、有事にはそうである。統一した意思を持つには、論理的な思考が要る。それが国家安全保障戦略である。日本の国防戦略は、1906年、日露戦争後の国論不統一を危惧した田中義一陸軍参謀本部作戦課員（後の総理大臣）が帝国国防方針案を起案し、それが山縣有朋元帥に認められ、翌年、正式に帝国国防方針として明治天皇に上奏したのが始まりである。田中の論理構成は、（1）1902年に締結された日英同盟を外交戦略の前提として置き、その上で、北方と南方を睨んで国防の「基本方針」を立て、（2）北方の敵である露、及び、南方の敵たり得る米、仏、独等を仮想敵国として選定し、「用兵綱領」と呼ばれる軍事戦略を立て、(3)そのために必要な軍備を「所要兵力」として算定するという戦略的論理の思考に忠実な文書であった。天才である。田中のような論理的、戦略的思考は、30年代に入ると急速に失われていく。実は、最後に述べるが、未だに復活していない。

本来、外交戦略と軍事戦略とは水と油である。それを政治指導の強い力で混ぜ合わせて作るのが真の国家安全保障戦略である。外交官の考える戦略は、基本的には長期的なものである。外交官は、国家の基本的な力関係のバランスを考えて、平和と安定を希求する。不動にみえる大国間関係も、10年経てば大きく変わる。30年、50年先の大国間の力関係を考えて、今日の外交戦略を練るのが外交官である。国家の力は、先ず、短期的には軍事力で測る。次に、中期的には経済力で測る。経済が弱い国の軍隊は必ず弱くなる。軍事技術の進展について行けないからである。巨大な軍隊を持っている北朝鮮も、今は古びた兵器にしがみつき、経済的衰亡の果てにある。

しかし、長期的には、国民を幸福にできる普遍的な価値観を体制に組み込んだ国が最も強い生命力を発揮する。収奪的な政府は、国民から見捨てられて衰亡する。ソ連も、大日本帝国も100年持たなかった。しかし、移民が作った「想像の共同体」である米国は、自由主義、民主主義を国家統治の原理として、未だにピークアウトせず強い生命力を維持している。さて、20年後の中国はどうなっているだろうか。

外交交渉の世界には、野球でいうコールドゲームはない。51対49で勝って、49対51で負けたふりをするのが優れた外交官である。不利になれば時間を稼ぐ。窮地に陥れば、大きな譲歩を厭わない。「向こう半世紀の内には、必ず何度か取り返すチャンスが来るであろう。今は、生き延びることが優先だ」。このように考えて、百年の計を算段し、腰を据えて国運の行く末を見据えるのが外交官である。

軍人の発想は異なる。外交官は機敏であるが、軍人はそうは行かない。軍事組織は巨大であり、重く、鈍い。軍人は、万が一に備えるのが仕事である。したがって、外交戦略の破綻に備えて、起こり得る紛争を全てシナリオに落として軍事作戦を立案し、それを基に訓練に励む。それが軍人である。米国は、仮想敵を名指しせず、色で呼ぶことが知られている。戦前の日本はオレンジ、ナチス・ドイツは黒であった。

軍の仕事は外交破綻の後、抑止力を働かせて武力紛争の発生を防ぐことである。しかし一旦、戦闘が始まると、軍の動きは、索敵、破壊、評価の単純なサイクルの繰り返しになる。戦闘が始まった後の軍人には、窮地に陥ったとき、「何を差し出してもよいから、ここは一旦引いて様子を見よう」という外交官の様な発想ができない。眼の前で敵と交戦しているのである。「何とか一矢報いて、少しでも勝利への流れを引き寄せたい」と考える。戦争の結果は、外交と異なり、完敗があり得る。負ければ国家が消滅することもある。劣勢な状況で総崩れにならないように軍を引くことは至難の業である。

外交と軍事を統合して、即ち、政略と軍略を統合することによって、国家の最高意思が生まれる。その判断ができるのは、国民から権力の信託を受け、国民を一つにまとめ、統帥と国務を一人で掌握する政治指導者ただ一人でなくてはならない。それが政治指導下の軍の運用であり、本当のシビリアンコントロールである。

職業軍人の政治的中立――青年将校の政治化

職業軍人が政治化し、政府の判断と無関係に勝手に動くことは許されない。軍が政治化すれば、シビリアンコントロールは全く利かない。特に、強大な陸軍が政治化して独自に動き出すと、海軍も、警察も、誰も抑えることができなくなる。

しかし、30年代に日本陸軍は政治化した。その原因は複合的なものである。

第一に、明治以降の殖産興業が軌道に乗り、大正時代には成金も多く出て、国内格差が大きく開いた。工業化の初期には、社会が不安定化しやすくなる。都市労働者の悲惨は、初期工業社会が必ずかかる病である。当時は未だ、穏健な労働運動者や社会主義が根付いていなかった。過激なロシア革命の思想的影響は甚大であった。天皇に忠誠を誓う軍は共産主義思想に共鳴することはなかったが、社会全体をもう一度デザインするという全体主義な衝動が強く出た。

第二に、国際的にも、米国の主導する国際協調主義の退潮が始まっていた。米国は超大国の片鱗を見せ始めていたが、米国民の間には、依然として孤立主義の傾向が根強く、自らが提唱した国際連盟に加入せず、また、日英同盟解消後のアジアに立ち上げたワシントン体制も、米国が力をもってコミットしたわけではなかった。30年代に入ると、第一次世界大戦の傷跡から復活したドイツや、後発の地中海帝国であるイタリアと並んで、日本もまた新興の大国として、既存の英米仏蘭の植民地帝国に対して、現状打破を唱える風潮が強まった。この三国は、国際連盟を脱退し、拡張主義的な強硬外交に転じる。日独は人口が英仏よりも大きく、また、日独伊とも1860年代から70年代に国家統一を成し遂げ、工業化によって国力を伸ばした後発国家であった。特に、唯一人種差別に敏感だった日本人は、英仏蘭米等、先行植民地帝国のアジア、アフリカへの拡大は、住民の同意を無視した実力による隷従の強制であると考え、ジャングルの掟の下にある根源的な不義の世界秩序に挑戦することに迷いはなかった。20年代に主流となった幣原喜重郎外相たちの国際協調主義は、今や後景に押しやられ、近衛文麿総理の全体主義的、現状打破的な革新的主張が人々の心を摑み、また、永田鉄山陸軍省軍務局長のように総力戦に備えよという軍の主張が通りやすくなってきていた。国力の上がった日本では、国民もまた、拡張主義的なナショナリズムに呑まれ、「国威発揚」といった空虚で元気なスローガンが木霊《こだま》した。このような風潮の中で、大局の見えない中堅将校たちが、自らの狭隘な軍事的利益の拡張を、国益の拡張だと勘違いしたのである。それは、陸軍だけでは無く、海軍でも同様であった。陸軍の武藤章、田中新一、海軍の富岡定俊、石川信吾等が強硬派中堅官僚の典型であろう。

破綻した政軍関係と国家崩落——満州事変から終戦までを振り返る

明仁上皇陛下は、御在位中、戦後70年の節目を迎えて、１９３０年代以降の歴史をきちんと理解することが大切であるとの趣旨を述べられたことがある。実際、満州事変から終戦までの日本政府は、政軍関係が破綻し、国家の統一された意思が失われ、陸海軍、外務省やその他の官庁がバラバラに動いて、まるで八岐大蛇《やまたのおろち》のような体となった。空中分解した政府に引きずられ、敗戦の結果、300万人の命が失われ、皇統は断絶の危機に瀕した。以下の小論は、1930年代に、政軍関係のバランスを崩して、頭を失った巨獣のようになった日本が、如何にして道を誤り続け、自らの選択肢を狭め、そして奈落に突き進んだかを批判的に再考するものである。

(1) 満州事変

1931年9月、関東軍による満州事変は、日本の運命を大きく暗転させた。戦略的には、日本は満州事変により、ソ連及び中国との長い国境を管理する事実上の大陸国家に変貌した。日露の影響力のぶつかる場であった満州の日本独占は、ソ連(ロシア)に強い警戒心を呼んだ。また、如何にかつての大清帝国の皇統につながる溥儀を満州国皇帝に担いでも、アヘン戦争、アロー号事件、清仏戦争、日清戦争、義和団事件と、日欧勢力に権益を腐食され、近代的ナショナリズムを滾らせ始めていた中国人の怒りを抑えることは不可能であった。ワシントン体制を葬ろうとする日本に対する米国の態度も硬化する。こうして日本は、中露二カ国の連携を常に恐れつつ、海洋国家である米国の反応を気にせねばならない大陸国家型の苦しい戦略環境を自ら作り出したのである。

また、満州事変は、明治以来、佐藤鉄太郎中将など、海軍の戦略家が追求した「北守南進」戦略に異を唱え、陸軍が提唱していた「北進南進（大陸にも進出し、南方にも進出する）」戦略の「北進」部分が膨れ上がり、大陸重視戦略へと変態を遂げる契機となった。それは、中国の門戸開放を求めてアジアに新秩序を構築しようとした米国との衝突を招くことになった。満州事変は、米国を意識しつつも衝突を慎重に回避してきた海軍を、米国との衝突コースに乗せたのである。

満州事変は、関東軍の謀略によるものであり、天皇の統帥権を決定的に形骸化させた。立役者は石原莞爾関東軍主任参謀である。昭和天皇は、満州事変の翌日、若槻礼次郎総理を宮中に召して、何事かと御下問されるが、若槻礼次郎は「不拡大方針」であると答えている。陛下も東京の政府も何も知らなかった。統帥権の独立を、政府の統帥部への介入阻止の口実にしながら、関東軍は、陛下の統帥権を無視して、独断で満州事変という軍事行動に走ったのである。この時、朝鮮総督府の林銑十郎は、無断で朝鮮の日本軍を満州へと越境させている。普通の国であれば、石原も、林も、反逆罪に等しい軍紀違反で厳しく処罰されるべき事態であった。その後、32年の満州国建国を経て、日本は、

33年、国際連盟を脱退した。日中両軍は、同年の塘沽協定で矛を収め、軍事的な衝突はいったん収束する。

(2)日独伊防共協定

満州事変からほどなくして、ドイツやイタリアも現状打破の拡張主義的な動きを始める。ドイツは、優秀な職業軍人からなる軍部が政治化したわけではなく、全体主義的な雰囲気の中で、ワイマール議会がヒトラーの国家社会主義ドイツ労働者党(ナチス)という鬼子を産んだ。ドイツでは、第一次世界大戦中の英国の大陸封鎖による大量飢餓への恨みや、ベルサイユ講和会議後の過酷な賠償が、世界恐慌後の経済的混乱とも相まって、国民世論を極めて不安定なものにしていた。イタリアではムッソリーニのファシスト党が勢力を伸ばした。1936年には、ドイツがロカルノ条約を破棄してラインラントに進駐し、イタリアはエチオピアを併合した。その後、ドイツは、オーストリアを併合し、チェコスロバキアのズデーテン地方を外交的に割譲させている。独伊は共に、国際連盟を脱退した。国際協調主義に敗れた米国は、一層孤立の殻に引きこもり、35年には中立法が制定された。孤立していたソ連は、逆に、34年に国際連盟に加入している。

このような流れの中で、36年に日独防共協定が締結される。日本の満州国建設後の安全保障上の関心は、陸軍の主敵であるソ連にあり、陸軍が後背のドイツと結んでソ連を牽制しようと考えたであろうことは容易に想像がつく。欧州正面での独伊連携を反映して、37年には日独伊防共協定が成立した。

(3) 日中戦争の勃発

しかし、37年に入ると、日中関係の悪化が再び沸点に達する。ドイツと結んで対ソ正面を押さえれば、対中正面が腫れ上がる。満州を取り込んで二正面大陸国家となった日本の宿命である。中国では、反日暴動が起き、邦人の犠牲も出始める。日本でも対中感情が悪化する。不幸なことに激動の時代の幕開けに、人気は高いが指導力の弱い近衛総理が就任した。通常は、7月の盧溝橋事件が日中戦争の起点と言われるが、実態は、8月の第二次上海事変が日中戦争の本格的開始である。知将である蔣介石は、日本がソ連の抑えとなっている満州ではなく、米欧の租界が林立し権益が集中する上海を日中衝突の舞台に選んだ。国際社会を味方にして日本と戦うことを考えたのである。上海は、深い塹壕を掘り巡らせて要塞化していた。スピード感に溢れ、映像を駆使した蔣介石の宣伝戦は、宣伝に関心の低い日本陸軍を圧倒した。日本は残虐な侵略国であるという一方的なイメージが急速に国際社会に広がっていった。

日本は、北方でソ連を睨む関東軍を上海に南下させることはできなかった。そこで、北清事変以来、北京に駐屯していた部隊を向かわせると同時に、急拵えで新兵の多い上海派遣軍を組織して投入した。日露戦争を思わせる激しい激戦となった上海事変は、日本海軍による世界初の渡海爆撃によって戦局が好転し、蔣介石軍は潰走した。陸軍は、中央の指示を待つことなく、そのまま事態を拡大させて南京を攻め落としてしまう。日本陸軍は華北を制圧し、また、翌年には、海軍が広州を占領した。しかし、中国は、国共合作によって抗日民族統一戦線を結成し、重慶に遷都し、抗戦を続けた。中国軍は、押しては引き、引いては返す波の様なものであり、日本は、勝つことも負けることもできない泥沼の消耗戦に引きずり込まれたのである。日本軍は、日中戦争開始から終戦までの間に、46万の将兵を中国本土で失っている。

（4）第二次世界大戦の勃発

39年に入り、欧州正面で事態が急転する。第二次世界大戦の勃発である。その直接の契機は、8月にヒトラーとスターリンが締結した独ソ不可侵条約である。日本は、ノモンハンでソ連軍と衝突している最中であった。突然の独ソ接近の報に接した平沼騏一郎総理は、「欧州情勢は複雑怪奇」との迷言を残して総辞職してしまう。これでは政治指導どころではない。

しかし、ヒトラーとスターリンの提携は、権力政治的には何ら驚くことではなかった。そもそもバルト三国やチェコスロバキアやポーランドは、第一次世界大戦中にロシアが革命の混乱に沈み、ドイツのホーエンツォレルン家とオーストリアのハプスブルク家が敗戦の結果崩壊したことで生じた力の真空に、ウィルソン大統領が持ち前の理想主義を発揮して、民族自決原則を吹聴したために独立が認められた国々である。ドイツとソ連が復活すれば、東欧の中小国の独立が再び風前の灯火となるのは必然であった。

独ソ不可侵条約には、モロトフ・リッベントロップ独ソ外相間の秘密協定が付され、独ソ両国で東欧を分割することになっていた。ドイツがポーランドに侵攻すると、英仏が機先を制してドイツに宣戦布告し、第二次世界大戦が勃発する。ソ連もまた、ポーランド、さらにフィンランドに侵攻して国際連盟を除名されている。ソ連は、その後も、バルト三国を併合している。

ナチス・ドイツの進撃は凄まじく、翌40年の前半には、オランダ、ベルギーが屈服し、英国軍は這《ほ》う這《ほ》うの体でダンケルクから撤収し、フランスもパリを占領されて屈服した。ここで大局を眺めるのが普通の国の外交官である。アジアとは関係のない欧州の大戦である。その結果は、アジアの植民地支配地図を書き換える。しかも、自分に戦火が降りかかるわけでもない。取りあえず独英のドーバー海峡を挟んだバトル・オブ・ブリテンと呼ばれた英独大航空戦の帰趨を見守り、中立であった米国とソ連の動きを注視するのが戦略眼というものである。しかし日本政府の中では、外務省に最早、戦略をもって軍を指導する力はなかった。

(5) 北部仏印進駐と日独伊三国同盟

フランスのナチス・ドイツへの屈服を見て、中国との泥沼の戦争に足を取られた陸軍は、ベトナム経由の蔣介石支援ルートの遮断という目先の軍事的利益に関心を寄せる。また、朝鮮、満州に続いて、大東亜に日本の経済圏を確立し、資源供給の本拠地を確保したいという欲求もあった。陸軍は、第二次世界大戦勃発の翌年である1940年、ドイツに屈服したフランスの植民地である北部仏印（ベトナム北部）に進駐する。戦争中の軍隊の視野は極めて狭い。それがどう外国から見られるかが分からない。

しかも不幸なことに、北部仏印進駐の四日後に、松岡洋右外相が日独伊三国同盟を締結する。独ソ両国は不可侵条約を結んで東欧を分割し、ドイツはイギリスと戦争している最中である。米国は中立を崩して徐々に対英支援に舵を切りつつあった。日独伊三国同盟が、最早、対ソ防共同盟ではなく、米国を意識したものであることは自明であった。この瞬間、日本は独伊との対ソ牽制という権力政治的発想を捨てて、英米本位の世界秩序の挑戦者として第二次世界大戦の舞台に上ったのである。陛下はもとより、海軍も、日独伊三国同盟には難色を示したが、松岡外相が押し切っている。陸軍も、特段、日独伊三国同盟を支持したわけではない。この辺りは、外務省非主流派の革新派であった松岡外相の独壇場である。北部仏印進駐と日独伊三国同盟は、米英仏蘭の現状維持派の間に、日本が独伊の拡張主義勢力と共に、現状打破のための侵略戦争を始めたというイメージを広めていく契機となった。

（6）日ソ中立条約と独ソ戦開戦

41年に入ると、松岡外相は、更に日ソ中立条約に踏み込む。日独伊三国同盟に、独ソ不可侵条約、日ソ中立条約を嚙み合わせて、日独伊の現状打破組と共産主義国であるソ連の大同盟という幻を映し出して米国を牽制しようとしたのである。米国は反発して、対中国軍事援助が開始される。松岡の見せた幻は、結局、日本の首を絞めただけであった。

松岡の夢は直ちに砕かれる。ドイツ軍全軍を掌握したヒトラーも、ソ連赤軍全軍を掌握しているスターリンも、極東の一外相に過ぎない松岡の外交遊戯に付き合う気はなかった。日ソ中立条約の2カ月後、対英戦の進捗の遅さに業を煮やしたヒトラーが、突如スターリンに切りかかる。残虐を極めた独ソ戦の勃発である。極端な人種主義者のヒトラーは、「劣等なスラブ民族」の隷従を目標に掲げ、ドイツの「生存圏」構築をまじめに考えていたのである。独ソ戦開戦の報に接して、スターリンは絶望したと言われている。しかし、この後、米国は対ソ支援を本格化する。スターリンは、独ソ戦開始によって、ヒトラーの盟友から、主要連合国へと立場を入れ替えることが出来た。歴史の皮肉である。狼狽した松岡は、対ソ開戦を主張するが、近衛首相によって事実上更迭される。

その後の日本の混乱ぶりは、今から振り返って見ても胸が痛む。ドイツが中立であったソ連と戦端を開けば、「ドイツ対英国及びソ連」という構図になり、英国贔屓《びいき》の米国が、その巨大な経済力をもって、武器の貸与を初めとして、後者に加担していくのは自明であった。共産主義国のソ連でさえ、敵の敵は味方である。米国にとって対ソ軍事支援は当然の選択であった。戦時中は、火力だけが意味を持つ。平時のイデオロギー対立も無意味になる。米国に支援された英ソ両国はなかなか屈服しない。ドイツは、宿命の二正面作戦を余儀なくされた。戦略的均衡が大きく枢軸国側に不利に傾きつつあったのである。日本は、この時既に敗北に向かって転げ落ち始めたナチス・ドイツの正式な同盟国となっていた。

にもかかわらず、中国と戦争中の日本は、ドイツ軍の快進撃に目を奪われて、自らの軍事行動によって得られる短期的利益にしか目が向かなかった。陸軍の一部は、ドイツと共に宿敵ソ連と戦端を開くべしと主張して、満州で関東軍特種演習を行い、大動員の練習までしているが、結局、ソ連という大国を敵に回すリスクはとらず、引き続き、惰性のようにして力の真空となった南部仏印（ベトナム南部）への進駐が決定される。火事場泥棒の様な小才であった。

（7）南部仏印進駐と米国の対日石油全面禁輸措置

南部仏印進駐は、米国の逆鱗に触れた。ドイツがフランスを下し、英国と戦争中であるにもかかわらず、ドイツの同盟国である日本が、中立国である米国を牽制しながら仏領インドシナに入っていけば、日本が事実上参戦し、ドイツに負けた連合国側の植民地を摘み食いし始めたと思われるのは当然であった。日本が南部仏領インドシナに下りてくれば、既にドイツに屈服しているオランダの植民地インドネシアは目と鼻の先であり、インドからマレーにかけては、瀕死の英国の広大な植民地が広がっている。米国や英国やオランダ亡命政権が日本を止めねばならないと考えるのも当然である。

米国は、直ちに対日石油全面禁輸の経済制裁に出る。当時、日本の石油はほとんど米国から輸入されていた。この時点で、米国は戦時動員をかけておらず、経済制裁で日本の動きを押さえるつもりだった。しかし、日本の主戦派は、自らが招いた「自業自得」の経済制裁を口実として、「自存自衛」と称する戦争を準備することになる。仏印は、日本にとって死命を制するような利益ではなかった。しかし、非力な近衛内閣は、9月、帝国国策遂行要領において、対米交渉決裂の後は、英米蘭を相手に戦争するという方針を決定してしまう。最早、軍事的利益が、外交や政治や財政や経済やエネルギーに係わる考慮を吹き飛ばしていた。政府中枢における軍の専横とは、こういうことを言うのである。皇統を危殆に陥れかねない軍の動きに陛下は御不満であった。御前会議で昭和天皇は、「よもの海みなはらからと思ふ世になど波風のたちさわぐらむ」と日露開戦当時の明治天皇の御製を詠まれた。

非力な近衛が総辞職をした後、主戦派の多い陸軍を押さえるために東条英機総理に組閣の大命が降下する。組閣に際して陛下の東条への御優諚は、近衛の下した対米開戦に向かう決定を覆すことであった。しかし、余りに生真面目な東条には、それが果たせなかった。軍の暴走は、たとえ陸軍出身の東条であっても、最早、押さえることはできなくなっていた。

（8）対米交渉の決裂

松岡を放擲した外務省では、主流派の英米派が戻り、対米交渉に力を入れるが、既に、近衛内閣の下で対米英蘭戦争準備の帝国国策遂行要領が決定されているのであるから、軍部は戦争に向かって突き進んでいた。十分な勝ち目があるとは誰も思っていなかった。「ドイツが勝てば何とかなる」とか、「アメリカは一撃喰らわせれば腰が抜ける」とか、全く根拠のない子供の様な希望的観測だけで、300万人の同胞を殺すことになる戦争に突っ込んだのである。

この時の大日本帝国政府は、魔物に魅入られているとしか形容できないほどに、愚かで不合理であった。帝国陸海軍に取りついたその魔物の正体は、統帥権独立を盾にして、狭い軍事的利益を振りかざして自らの武勲に逸る軍人の虚栄心と、巨額の軍事予算を守らねばならないという軍事組織の腸《はらわた》の理屈であった。魔物は、主として中堅官僚の心の底に巣くっていた。そして、日本政府の重臣も、帝国陸海軍の上層部の誰も、それを止めることができないほど、戦前の政軍関係は劣化していたのである。

米国との交渉は決して容易ではなかった。米国は移民の国であり、その統合原理は、米国憲法に具現された自由主義と民主主義である。米国は伝統のない国であり、この抽象的な原理の上に国が成立している。ケナンが言うように、欧州型の権力政治を拒否しがちな米国は、アジアでは新秩序伝播のために積極介入する傾向があった。日英同盟を廃棄させ、アジアに国際協調に基づくワシントン体制を立ち上げたのは米国である。

しかし、大恐慌後にブロック経済化した世界の中で、総力戦の悪夢に取りつかれ、独自の経済圏創出を夢見ていた日本の軍部から見れば、巨大な経済力を背景に強欲なウォールストリートのビジネスマンがアジアに進出してくれれば、正しく「経済侵略」に見える。世界的規模の自由貿易などなかった時代である。米国主導の国際協調主義は、米国自身の孤立主義もあって色褪せていた。更に、当時の米国もまた欧州と同様に、人種差別が激しかった。日本の軍人が、米国の理想や新秩序に共鳴する素地はなかった。むしろ、日中戦争の最中に中国を支援している米国は、半分敵に見えたであろう。日本の軍部に、対米譲歩の意思はなかった。

外務省の交渉は行き詰まる。日米の国力差を考えれば、戦争は愚かな道である。何か譲って時間を稼ぐのが外交である。「負ける戦争はやらない。ここは譲って、またどこかで取り返せばよい」という長期的な視野と柔軟さが外交官の持ち味である。日本民族が滅亡さえしなければ、必ずもう一度這い上がれる。その生存への執念が外交の本質である。陸奥宗光の臥薪嘗胆こそ、あるべき姿なのである。そもそも米国は戦争の準備などしていないのであるから、交渉の余地は多分にあった。米国外交は、交渉相手に対し、先ずは自らの原理原則に従った戦略的決断を求めるのが常である。しかし、実際の交渉現場では、ビジネスマンのように小出しの譲歩の積み重ねを求める。それが交渉である。しかし、対中戦争中の日本軍に、援蔣ルート再開を意味する仏印放棄や、華北や広州からの撤兵は、たとえその一部であってもできなかった。陸軍が押さえている華北や、海軍が押さえている広州から、僅かでも軍を引いて米国を交渉に引き込み、時間を稼いで様子を見るという外交的な発想自体が、日本の軍部にはなかったのである。

(9) 真珠湾攻撃という愚行

対米開戦が決まれば、主人公は海軍である。海軍は勝ち目がないとわかっていた。しかし、陸軍が中国と戦端を開いて4年が経過していた。海軍上層部に「米国とは戦えない」と言うだけの度量はなかった。国家よりも、国民よりも、陸軍への対抗意識や、軍人としての誇りや、予算の獲得の方が大切だった。当初、対米開戦に反対していた山本五十六連合艦隊司令長官は、海軍の主流派を押し切って、世界最初の空母機動部隊運用により、緒戦で思い切り米海軍を叩くという真珠湾奇襲作戦を敢行する。当時、米国は戦時動員がかかっておらず、日米の太平洋正面の海軍力は拮抗していた。山本の真珠湾攻撃は、戦術的には世界史に残る成功事例となった。緻密な計画と高度な訓練が計画に成功をもたらした。山本は、ハンニバルのように、敵将として歴史に名を遺した。

しかし、外交的、戦略的には、これほどの愚はなかった。子供が大人の足を刺したようなものである。米国は、12月8日（ワシントン時間では7日）を「国恥の日」と呼んだ。ある日、突然、二千数百名もの米国軍人が数時間で虐殺されたのである。横須賀の海上自衛隊基地で、突然に奇襲が行われ2000人の自衛官が殺されたら、日本人はどういう反応をするだろうか。同じことが起きたのである。

日本の真珠湾奇襲攻撃は、米国という中立国を怒りの炎に包んで連合国側に押しやった。それは外交戦略上、愚策中の愚策であった。有事には、強大な中立国の好意を得るのが外交の常道である。こともあろうに最強の米国を、瀕死の連合国側に押し込んだのである。チャーチルも、スターリンも、蔣介石も泣いて喜んだであろう。中国は、直ちに日独伊に宣戦を布告した。独伊は対米宣戦布告した。枢軸国の命運は、ここに決した。真珠湾攻撃の日、日中戦争は第二次世界大戦の一部となった。蔣介石は、スターリン同様、戦勝国として、国連安保理の常任理事国への切符を手にしたのである。

米国は、直ちに日本商船隊殲滅戦を開始して日本列島の封鎖に出た。1万5000隻の船が沈み、6万5000人の商船隊員が死んだ。商船隊員の戦死率は、海軍軍人の戦死率をはるかに凌駕する。彼らにはろくな護衛も与えられなかった。多くは軍の徴用船舶であったが、何の補償もなく、遺族年金も払われなかった。国民は飢え、燃料は尽きた。翌年4月には、米国の爆撃機がいきなり東京を空襲した（「ドゥリットル作戦」）。海軍は、珊瑚海海戦までは互角だったが、ミッドウェー海戦で待ち伏せされて、劣勢だったはずの米空母機動部隊に完敗する。その後はひたすら負けが込んでいった。海軍は、レイテ沖海戦でほぼ戦闘能力を失う。海軍の敗戦を知らされなかったフィリピンの陸軍は、突然上陸してきた米軍とマニラの市街で住民を巻き込んだ残酷な都市戦に突入する。フィリピンでの日本人将兵の戦死者は50万人を数える。また、恐ろしい勢いで前に飛び出していった海軍の基地を防衛するべく南洋に呼びだされた陸軍将兵の多くは、途中で撃沈されるか、現地で補給を断たれて餓死ないし病死した。

日本が、南方で失った将兵の数は160万であり、その数は対中戦争で失った将兵の約4倍に上る。太平洋正面の米兵の死者は数万だった。人の命を粗末にする軍隊は弱い。玉砕を覚悟した軍隊も弱い。若人に特攻隊をやらせるような軍隊は負ける。孫子が言うように「初めから死ぬ気の将は容易く殺される（必死可殺也）」のである。

運命の45年に入ると、東京大空襲、沖縄地上戦、ナチス・ドイツ降伏、広島への原爆投下、ソ連の対日参戦、長崎への原爆投下と続き、日本は降伏する。明治以来営々と先人たちが築き上げてきた大日本帝国の命脈は、あっけないほど簡単に尽きた。

⑽　大東亜会議の開催

１９４３年、東条内閣で外相を務めた重光葵が音頭を取って、大東亜会議を主催する。大西洋憲章を意識してのものと言われる。

対独戦が始まって2年後の41年8月、ルーズベルト米大統領とチャーチル英首相が、大西洋憲章を発表していた。真珠湾攻撃の約4カ月前である。未だに形式的に中立を維持し、国民の平和主義と孤立主義に悩んでいた米国政府は、対独戦の大義を明らかにし、また、戦後世界を国民に構想してみせる必要があったのであろう。僅か8条の短い憲章は、領土不拡大、民族自決、自由貿易、公海自由、武力不行使、集団安全保障の考え方をまとめたものであり、米国の逞しい国際秩序構想力がうかがえる。大西洋憲章は、戦争宣伝を超えたメッセージを世界に送り、世界史の流れを決めた。一流の「戦略的コミュニケーション」とは、このようなものを言うのである。

米国の支援が欲しいチャーチルは、自らが世界最大の植民地帝国の首相であったにもかかわらず民族自決条項に目をつぶって署名した。対独戦に苦しむソ連も、僅か2年前にヒトラーと手を握って実行した自らの東欧侵略には口を拭って加入している。

山本五十六連合艦隊司令長官がソロモン諸島で殺害され、敗色濃くなった43年、重光は、大西洋憲章に倣って、大東亜戦争の大義を明らかにしておこうと考えた。外務省主流である英米派の重光は、日本の戦争は、ドイツやイタリアのように、単に後発の植民地帝国が武力で拡張主義に走ったというだけではなく、そもそも欧米勢の収奪的な植民地支配からアジアを解放することが目的であったということを歴史に残そうとした。

会合には、汪兆銘政権の中国政府と満州国の他、日本軍が解放し、独立させたフィリピン、ビルマ、最初から独立を維持していたタイが呼ばれた。チャンドラ・ボースのインド亡命政権もオブザーバー参加している。但し、日本軍が占領したまま独立を与えていなかったインドネシア、マレー、ベトナムは呼ばれていない。

第二次世界大戦前後から、民族自決の理念は、澎湃《ほうはい》とした波となって世界史を動かしつつあった。欧州植民地が地球的規模で拡大し、世界をケーキのように切り分けたのは、産業革命が軌道に乗った19世紀後半のことである。しかし、収奪的で、人種差別を下敷きにした欧州植民地支配への反抗は既に始まっていた。ガンジーや、スカルノや、ホーチミンなど、多くの目覚めたアジア人が独立を目指し始めていた。地球的規模に拡大した欧州勢の植民地支配は、所詮、１００年続くものではなかった。アジア人は確実に覚醒しつつあった。この波をいち早くつかみ、日本の外交戦略の基本に組み込んでいけば、違った展開もあったであろう。

しかし、軍の方は援蔣ルートの遮断や、石油等の資源の確保、泰緬鉄道建設のための人員確保といった短期的な軍事的利益にしか目が向かない。戦争中の軍人には、大東亜会議の理念などどうでもよかったであろう。その態度は、恐らくヒトラーに押し込まれたチャーチルやスターリンが、美辞麗句の並んだ米国製の大西洋憲章を陰で鼻で笑っていたのと同じであろう。言葉が行動を伴わなければ、誰からも信頼されない。日本の大東亜共栄圏構想は、日本のアジア侵略用の宣伝として切り捨てられた。

皮肉なことに、連合国で民族自決の旗を振っていたのは、植民地出身の米国であったが、その同盟国の主力は、英国、フランス、オランダ、ソ連（帝政ロシア）と、19世紀までに広大な植民地を獲得していた欧州諸国であった。彼らは自らの植民地に独立を認める気などさらさらなかった。そして日本軍が曲がりなりにも解放を旗印に彼らの植民地に雪崩《なだれ》込んだ時、彼らは、それを自分たちへの「侵略」と呼んだのである。

(11) 対ソ仲介依頼工作

敗色がはっきりしてくると、日本は、ソ連への和平工作に熱意を示し始める。死刑執行人に死刑廃止の嘆願状を書くような惨めな外交であった。ソ連は、41年にドイツに攻め込まれ、レニングラード攻防戦で塗炭の苦しみを味わった。共産主義の計画経済とはいえ、最先端の軍事技術を誇るドイツ軍との戦いは困難を極めた。ソ連人の総死者数は軍民合わせて2000万人を超えると言われている。日本の軍民の戦争死亡者の約7倍である。欧州大陸では、フランスは既に屈し、スペインとトルコは中立を守り、独り島国の英国だけが生き延びていた。ナチス・ドイツの猛攻は、事実上、大陸の東側でソ連が一人で凌いでいたのである。41年末の真珠湾攻撃による米国参戦は、スターリンにとって地獄に降りてきた天使のように見えたであろう。それでもスターリンは、1944年6月のノルマンディー上陸作戦まで待たされ、孤独な戦いを強いられた。

ソ連は、欧州への米軍投入後、息を吹き返した。45年2月の時点で開かれたヤルタ会談で、ルーズベルト大統領から対日戦争参戦を持ち掛けられた時、スターリンは当然のように日露戦争で失った南樺太を要求し、また、樺太と交換に日本に譲った千島列島を要求した。大西洋憲章の領土不拡大原則など顧みられなかった。日本は、ソ連を一度は絶望に追いやったナチス・ドイツの同盟国であり、スターリンからしてみれば、ナチスの猛攻撃を一人で引き受けてきたソ連が対日参戦する以上、千島や樺太は当然の戦利品だと考えたのであろう。

45年の夏を待たずにヒトラーが自殺し、ドイツの首都ベルリンに連合軍が進駐し、欧州正面の戦争が終わった。後は、ただ一人アジアに残った枢軸国、日本を屈服させるだけであった。驚いたことに、日本は、この期に及んでソ連に和平の仲介を申し入れたのである。佐藤尚武駐ソ大使はその愚を叱ったが、東京では、鈴木貫太郎総理も、東郷茂徳外相も真剣だった。日本も、そこまで追い詰められていたのである。

日本外交の欠点に、「法律至上主義」と「二国間外交主義」がある。「法律至上主義」とは、条約を不磨の大典のように考えることである。日ソ中立条約があるから、ソ連は対日宣戦しないと考えるのは、余りにナイーブであった。戦時の中立条約など、戦国大名の証文と一緒で、戦局次第でいつでも反古《ほご》になる。戦時には、戦局を読む方が条文を読むより大事な時があるのである。しかし、陸軍も、外務省も、中立条約の締約国であるソ連の仲介に期待した。

また、「二国間主義」とは、自分と相手だけの関係でしか外交を考えないということである。敵の味方、敵の敵、中立国などに想像力が働かない。外交は単に連立方程式である。周りをしっかり見渡せば、自分の置かれた状況がはっきりわかる。米国の参戦でドイツが敗れ、最後の枢軸国である日本も敗れ去る直前のタイミングである。独り残った日本は疲弊しきっている。第二次世界大戦は、天下分け目の関ヶ原と同様、連合国対枢軸国の大戦争である。ソ連から見れば、日本は憎きナチス・ドイツの同盟国であり、明らかに敵側であった。

日本では、よくソ連の中立条約違反に対する批判を聞くが、ソ連にしてみれば、「ドイツは、バルバロッサ作戦で独ソ不可侵条約を破ってソ連に攻め込んだのだ。ソ連は、2000万人が犠牲となって、ナチス・ドイツの猛攻を持ちこたえ、連合国を支えてきたのだ。日本はナチス・ドイツの同盟国だろう」と言いたいところだろう。ソ連にとって、ナチス・ドイツと戦っているから、後背の日本との関係で、中立条約に意味があったのである。ドイツが負ければ、日ソ中立条約など、対日参戦と戦利品獲得の邪魔になるだけであった。戦争の真っ最中に、ドイツが負けても日ソ中立条約が破棄されないと考える方が甘いのである。

(12) 終戦工作と御聖断

大東亜戦争の最終章で、名も命も捨てて、国のために戦争の幕引きをしようとする政治家が出た。鈴木貫太郎総理である。77歳の鈴木は、海軍出身で、既に十分な海軍艦艇は残っておらず、日本が負けたことが分かっていた。しかし、中国に100万の将兵を無傷で残していた陸軍が収まらない。陸軍は、本土決戦が最終章だと考える。陸軍は、未だ負けたという意識がなかった。終戦を巡って延々と小田原評定が続く。

鈴木は、二・二六事件で4発の銃弾を体に受けていた。止《とど》めの銃剣を刺そうとする将校を制して、夫の上に身を投げ出してかばったタカ夫人のお陰で、九死に一生を得たのである。鈴木は、戦後、暗殺を避けるために転々としながら受けたインタビュー記事「終戦の表情」の中で、自分はどうせ一度死んだのだから、命を擲《なげう》って戦争を終わらせると決意したと言っている。鈴木はまた、国が亡べば終わりだ、何としても日本は生き延びなければと思ったとも言っている。この民族生存への執念こそが、最高指導者の最も重要な資質である。鈴木は、「瓦となって残るよりは珠と散りたい」と息巻く人たちを、心底、軽蔑していた。鈴木は、海軍軍令部総長の後、天皇陛下の侍従長を務めていた。タカ夫人は昭和天皇の御養育係であった。陛下への思いは強かったであろう。

もう一人の終戦の立役者が、阿南惟幾陸軍大臣である。阿南は、総理官邸での最高戦争指導会議から抜け出しては、書記官長室（今の官房長官室）で陸軍省に電話をかけ、「自分が頑張っているから大丈夫だ」と告げて、陸軍の暴発を防いでいた。終戦の御聖断が決まった時、阿南陸相は、鈴木総理の部屋を訪れ、自分は吸いませんからとシガーを置いて行った。閉まるドアを見ながら、鈴木は「阿南はお別れに来たんだよ」と呟いたという。阿南陸相は、割腹自殺して果て、自死をもって陸軍を押さえた。阿南もまた、鈴木侍従長の下で仕えた侍従武官であった。

鈴木と阿南の赤誠が、日本を救ったと言ってよい。私は、満州事変以降、最高の政治家、軍人を挙げよと言われれば、迷わずにこの二人を挙げる。

おわりに――国家安全保障会議への提言

国家安全保障会議は、戦前の最高戦争指導会議（大本営政府連絡会議）の生まれ変わりである。その使命は、戦前に全く機能しなかったシビリアンコントロールの貫徹である。制度は揃った。現行憲法体制の下で、自衛隊の作戦運用の最高責任者は総理大臣である。自衛隊の指揮権は、総理から防衛大臣に落ち、防衛大臣を統合幕僚長（統幕長）が補佐する仕組みになっている。統幕長以下の指示は、陸上総隊司令官、自衛艦隊司令官、航空総隊司令官に落ちる。自衛隊の作戦に係わる総指揮は総理が掌握する仕組みになっている。

総理は、同時に、内閣を主宰して国務を総覧する。統帥と国務は、総理大臣のところで統合される。総理の権限は、橋本行革以来、一貫して強化されてきた。総理官邸の党に対する政治権力は小選挙区制の導入と党内派閥の相対的弱体化で大きくなり、また、総理官邸の事務方である内閣官房の権限は、森内閣に至って実現した内閣法の改正で飛躍的に強くなった。そこにこれまで総理官邸に欠落していた実質的な安全保障機能が付与された。それが国家安全保障会議と国家安全保障局である。

今の総理大臣は、戦前に出来なかった統帥と国務の統合が可能だ。しかし、そういう仕組みになっているということと、有事になって死地に赴く24万の自衛隊員を、政治と外交の枠内で自在に動かすということとの間には、雲泥の差がある。シビリアンコントロールを本当に利かせるためには、まだまだやらねばならないことがある。

まず、国家安全保障会議は、国家的な緊急事態に及んで、総理の下で関係閣僚が集まり、短時間で、米国のNSCなどで「DIME」と言われている外交（D）、情報（I）、軍事（M）、経済（E）の総合政策調整が出来なければならない。しかし、実戦経験のない日本の国家安全保障会議には、まだまだ修練がいる。特に、軍事的な行動がもつ外交的な意味を常に吟味しながら判断するということは、戦後、幸いにして一度も戦火の試練を受けたことのない日本政府が、最も不得意とするところである。また、経済面では、エネルギー、科学技術、金融、株価、通信、交通、電気・ガス・水道等のライフライン、原子力発電所やダムなどの重要インフラ防護にも常に目配りせねばならない。

次に、シビリアンコントロールを確保するのであれば、自衛隊の指揮権がきちんと動くようにしておく必要がある。そのためには未だいくつかの改革がいる。

第一に、統合幕僚監部（統幕）の強化である。戦前、あれほど陸海軍の統合作戦策定に失敗してきたのに、戦後、統幕ができたのは2006年のことである。しかも小さく生んで大きく育てると言いながら、小さいままである。どこの国でも、陸海空の異なる軍種同士は仲が悪く、統合作戦を嫌う。対抗意識も強い。政治が強い指導力を発揮しなければ、軍の統合運用は進まない。自衛隊も統幕の一層の強化が必要である。特に、統幕運用部（J3）が小さいままなのは問題である。小さな紛争や地震であれば、地方に統合任務部隊（JTF）を作って対処できるであろうが、大規模な紛争や災害や複合事態になれば、市ヶ谷の防衛本省にある統幕で統合作戦を立案し、指揮をとるのは当然のことである。戦後最大規模の10万人の自衛官を動員した東日本大震災の時に、既に今の統幕の限界が見えたということは、多くの優れた自衛官が指摘するところである。

第二に、運用面の政治指導部への適切な報告である。70年の太平の世が続いている中で、防衛省、自衛隊は、予算の話しか総理官邸に上げてこなかった。国家安全保障会議ができたのだから、最高指揮官である総理に、運用面の基本事項を報告、説明して、日頃から有事における判断事項について心構えをもってもらうことが必要である。しかし、依然として、どのような武器を買うかという話ばかりが官邸に上がってくる。戦前の田中義一が書いた第一次帝国国防方針では、「所要兵力」と「用兵綱領」がセットになっていた。今は、「所要兵力」に相当する「防衛計画の大綱」や「中期防衛計画」だけが総理官邸に上がってくるが、「用兵綱領」がない。具体的な作戦書のことを言っているのではない。最高指揮官である総理に説明するべき主要シナリオと統合作戦に関する軍事戦略がないのが問題だと言っているのである。

これは、日本の国家安全保障戦略体系における根本的な問題である。日本の国家安全保障会議の持って生まれた欠陥と言ってよい。国家安全保障戦略とは、一方に外交戦略

（政略）、もう一方に国防戦略（軍略）を車の両輪とするが、国防戦略には、国防予算計上のための装備調達方針と並んで、必ず軍の運用に関する軍事戦略が付随していなければならないからである。

もとより、政治の方にも問題がある。戦後、政治指導者の方が、軍事の話を忌避してきたからである。有事法制の整っていなかった1970年代には、このままでは奇襲攻撃に対して現場が超法規的に動くことになる、と本当のことを言っただけで栗栖統幕議長が解任された。驚かれると思うが、自衛官が戦後総理官邸に入れるようになったのは、橋本龍太郎総理の時からである。それほど、自衛隊は政治に忌避されていた。政治指導者と自衛隊幹部の間に信頼関係がなければ、シビリアンコントロールなど利くはずがない。

また、危機管理において最も重要なことは即応性であり、そのためには日々の訓練が欠かせない。体が覚えていなければ、いくらマニュアルがあっても危機対応などできない。地震災害や原子力災害については、毎年、全閣僚が防災服に着替えて朝1時間以上の訓練を実施する。戦争は、地震、津波、パンデミックよりも恐ろしい。戦争という人災は100万の命を奪う。しかし、自衛隊の演習や日米共同訓練に、最高司令官の総理大臣が来ることはほとんどない。自衛隊の運用に、政治家がきちんと関心を持たなければ、シビリアンコントロールなどありえない。

第三に、陸上自衛隊の指揮権の整理が必要である。戦後、陸上自衛隊は5方面に分割されたまま、総隊司令官を置かなかった。この小さな国を5方面に分けて、五つ子のように対等に陸上自衛隊方面隊を置くのは決して効率的ではない。もともと明治時代から、陸軍は、東北、東部、中部、南西の4方面に分かれていたが、それは内乱鎮撫のために鎮台を置いていたからである。もとより陸上自衛隊は、広大な公海、公空を股にかけて行動する海上、航空自衛隊と異なり、地場密着型の防衛をする。方面隊が重要なのはよくわかる。しかし、人口減、財政難のこの御時世に、筋肉質の動的、機動的陸上自衛隊を求めるのであれば、最高指揮官の存在は不可欠である。驚いたことに、陸上総隊司令官の創設は、つい最近の2018年のことである。

問題は、総隊司令官のランクが、5方面司令官と同ランクなことである。そもそも自衛艦隊司令官、航空総隊司令官のランクが、陸上自衛隊の5方面総監と同じというところからしておかしいのである。職階上、統幕長（8号俸）を筆頭に、陸海空幕長（7号俸）が次に来るが、陸海空の総隊司令官は、陸海空幕長より2階級落ちて、陸上自衛隊の5

方面総監と同じ職階（5号俸）という仕組みになっている。それがおかしい。陸海空自衛隊の各最高指揮官は、せめて陸海空幕長の1階級下にして、陸上自衛隊の5方面総監より上の6号俸にするべきである。また、陸海空の最高指揮官が三ツ星（国際的には中将クラス）というのも問題である。陸海空統幕長と同様に四ツ星（大将クラス）にするべきである。

この問題は、陸上自衛隊のメジャーコマンド整理問題という。なぜこの問題が重要かというと、総理、防衛大臣の指示を受けて、統幕が統合作戦の立案のために調整を行う際に、陸上総隊司令官が陸上自衛隊全体の運用を仕切ってくれないと、統幕が海上自衛隊、航空自衛隊の最高指揮官と調整しながら、陸上自衛隊に関しては、総隊司令官及び5方面総監の6人と調整せねばならなくなるからである。国家的な危機に際しては、そんな非効率なことはやっていられない。多くの陸上自衛隊幹部は、「いざとなればきちんと調整できるから問題がない」と答えるであろうが、そんなことはない。こういうところは、政治家がきちんとものを言わないと自衛隊の改革は進まない。政治指導者の目から見て、自分の指示内容が、水が滝を流れ落ちるように、組織の下に届かねばならない。そういう視点で自衛隊を叱咤激励するのが、政治指導者の役目である。

【参考文献】

兼原信克『歴史の教訓――「失敗の本質」と国家戦略』新潮新書、二〇二〇年
兼原信克「政治主導と安全保障政策」（『公研』662号、二〇一八年一〇月）
兼原信克『安全保障戦略』日本経済新聞出版、二〇二一年

戸部良一	国際日本文化研究センター名誉教授
赤木完爾	慶應義塾大学名誉教授
庄司潤一郎	防衛研究所研究幹事
川島真	東京大学教授
波多野澄雄	筑波大学名誉教授
兼原信克	同志社大学特別客員教授

Ⓢ新潮新書

914

決定版《けっていばん》　大東《だいとう》亜《あ》戦争《せんそう》（下）

著　者　戸《と》部《べ》良一《りょういち》　赤《あか》木《ぎ》完《かん》爾《じ》　庄《しょう》司《じ》潤一郎《じゅんいちろう》　川島真《かわしましん》　波《は》多《た》野《の》澄《すみ》雄《お》　兼原信克《かねはらのぶかつ》

2021年7月20日　発行
2021年8月15日　2刷

発行者　佐　藤　隆　信

発行所　株式会社新潮社

〒162-8711　東京都新宿区矢来町71番地
編集部 (03) 3266-5430　読者係 (03) 3266-5111
https://www.shinchosha.co.jp

装幀　新潮社装幀室
組版　新潮社デジタル編集支援室

図版製作　株式会社アトリエ・プラン

印刷所　錦明印刷株式会社

製本所　錦明印刷株式会社

ISBN978-4-10-610914-0 C0221

価格はカバーに表示してあります。